突 破 认 知 的 边 界

阳谋

越是正大光明　越是所向披靡

秦尘　赵梓伊　著

光明日报出版社

图书在版编目（CIP）数据

阳谋：越是正大光明，越是所向披靡 / 秦尘, 赵梓伊著. — 北京：光明日报出版社, 2024.2
ISBN 978-7-5194-7811-7

Ⅰ.①阳… Ⅱ.①秦… ②赵… Ⅲ.①谋略 - 通俗读物 Ⅳ.① C934-49

中国国家版本馆 CIP 数据核字 (2024) 第 044114 号

阳谋：越是正大光明，越是所向披靡
YANGMOU: YUE SHI ZHENGDAGUANGMING, YUE SHI SUOXIANGPIMI

著　　者：	秦　尘　赵梓伊		
责任编辑：	谢　香　孙　展	责任校对：	徐　蔚
特约编辑：	王　猛	责任印制：	曹　净
封面设计：	于沧海		

出版发行：光明日报出版社
地　　址：北京市西城区永安路 106 号，100050
电　　话：010-63169890（咨询），010-63131930（邮购）
传　　真：010-63131930
网　　址：http://book.gmw.cn
E - mail：gmrbcbs@gmw.cn
法律顾问：北京兰台律师事务所龚柳方律师
印　　刷：天津鑫旭阳印刷有限公司
装　　订：天津鑫旭阳印刷有限公司
本书如有破损、缺页、装订错误，请与本社联系调换，电话：010-63131930

开　　本：	170mm×240mm	印　张：17
字　　数：	195 千字	
版　　次：	2024 年 2 月第 1 版	
印　　次：	2024 年 3 月第 1 次印刷	
书　　号：	ISBN 978-7-5194-7811-7	
定　　价：	58.00 元	

版权所有　翻印必究

前言

在人类历史的长河中,谋略一直是智慧的象征,是推动时代发展的重要力量。在众多的谋略中,有一种特殊的存在,它不隐晦、不阴暗,而是光明正大、积极进取,它就是我们所说的"阳谋"。

阳谋,顾名思义,就是以开诚布公、积极主动、光明正大的方式实施的谋略。与阴谋不同,阳谋不搞暗箱操作,不采用隐蔽的手段来达到目的,它强调的是在公开、公平的条件下,通过合理的规划和布局,利用各种资源和条件,有效影响和控制局势,使一切尽在掌握之中,最终实现目标。阳谋不仅是一种谋略,更是一种智慧,一种胸怀,一种境界。

在中国历史上,有很多著名的阳谋事例。比如荀子提出的"制天命而用之",他认为人类应该认识自然规律,并利用自然规律来为人类服务,这种思想在当时极具前瞻性和创新性;再比如商鞅的"徙木立信",他通过公开承诺并实际执行,树立了新法的威信,使新法得以顺利推行;再比如诸葛亮的"空城计",他利用司马懿的多疑性格，故意展示空虚的实力，使对方不敢轻举妄动。这些都是阳谋的典型代表，它们展示了阳谋的独特魅力和巨大威力。

不过，实施阳谋并非易事，其实施者需要具有智慧和胸怀、意志和决心、勇气和担当，需要对人性和局势有深刻的理解和准确的判断，需要在公开场合中坦然自若、谈笑风生，需要承受外界的压力和非议……

当然，阳谋既然是一种光明正大的谋略，必然有一套方法论。本书根据古往今来的阳谋事例，总结出了一套适合当代人学习和修炼的阳谋立身之法，它主要包括以下几方面。

修心。只有内心平静、无欲则刚的人才能在复杂多变的局势中保持清醒的头脑，不被私欲和杂念左右。只有心境宁静，才能更好地观察形势、分析问题，制定出更为合理的策略，从而更好地应对各种挑战和机遇。

立志。一个人只有拥有远大的志向和坚定的信念，才能不断追求更高的境界和更广阔的视野，在面对困难和挫折时保持不屈不挠的精神，义无反顾，勇往直前。

律己。只有严格要求自己，遵守道德和法律的规定，才能树立良好的形象和信誉。只有自我约束，以诚实、正直和光明正大的方式去处理各种关系和事务，才能防止被别人钻空子，从而发挥自己的优势，更好地掌握局势。

运筹。无论是个人还是组织，都需要通过合理的规划和安排来实现自己的目标。它要求运筹者不仅要有前瞻性的眼光，还要有严谨的全局思维能力。只有经过精心策划，才能确保行动的成功。

应变。在不断变化的环境中，应变能力的高低往往决定了一个人的成败。面对突发情况时，能够迅速反应和调整，果断决策和行动，这样才能扭转局面。另外，应变也包含变通的意思。在情况不变时，可以主动寻求改变，不断拓展自己的发展空间，从而创造无限可能。

借势。通过敏锐的洞察力和判断力，分析外部环境和形势，并妥善加以利用，从而增强自身实力和影响力。通过与他人合作、利用现有的资源和社会关系，为自己创造更多的机会和资源。借势并不是简单地利用他人，而是在互利共赢的基础上，通过合作实现双方的共同发展。

识人。人生在世，难免要与各种各样的人打交道。识人就是通过观察和分析他人的言谈举止，了解其性格特点和真实动机。面对对手，可以准确判断他的意图和动向，从而制定出有效的应对策略。面对朋友，能够了解他的优点和不足，以便更好地发挥他的潜力，协调合作关系。善于识人，就可以广交善友，同时远离奸邪之徒。

成事。成就和成功，每个人都有自己的理解和定义。在这个快速变化的时代，外界的诱惑和压力常常让人们迷失自我。为了追求所谓的成功，人们常常忘记自己的真正追求。阳谋立身，是一种修行，强调的是成大事者向内求。再厉害的谋略，也谋不尽天下富贵，而内心的富足，才是每个人都应该谋求的。

了解并学习了以上方法，实施阳谋也就不在话下。在当今这个信息高度透明、文化多元的社会里，阳谋作为一种积极向上的策略方式，有助于我们获得更多的优势和主动权，它可以提供三种助益。

首先，修炼阳谋有助于我们树立正确的价值观和人生观，以及更

好地理解什么是真正的智慧和道德品质，促使我们在生活中坚守正义、公平、诚信等原则，成为一个真正有价值的人。

其次，修炼阳谋可以提高我们的职场竞争力。在职场中，具备阳谋思维的人更容易获得他人的信任和尊重，更容易获得机会和资源。通过修炼阳谋，我们可以提高自己的职业素养和能力水平，从而在职场中获得更多的成功和成就。

最后，修炼阳谋也有助于推动社会的进步和发展。一个具备阳谋思维的人不仅能够实现个人的目标，还能够为社会的发展做出贡献。通过修炼阳谋，我们可以更好地理解社会的运作规律和发展趋势，从而更好地参与社会的发展和进步。

然而，我们也必须认识到，阳谋并不是万能的。在某些情况下，单纯的阳谋可能无法解决问题，需要与其他策略相结合。而且，阳谋的实施也需要考虑到道德和法律的约束，不能违背基本的伦理和法律原则。

此外，我们还需要注意的是，只有不断学习、思考和实践，不断提升自己的智慧和策略水平，才能更好地运用阳谋来应对各种挑战和机遇。

总的来说，本书是对阳谋这一策略方式的一次全面深入的探讨和研究。通过阅读本书，读者可以更加深入地了解阳谋的本质、特点和实施方式，可以从中汲取智慧和启示，提升自己的策略水平和应对复杂局面的能力。同时，本书也可以作为一面镜子，让我们反思自己的行为和思维方式，提升自己的道德和伦理水平。

本书并不是为了教唆人们去使用阳谋来谋取私利或者进行不正当

竞争。相反，它是为了提醒我们，在追求个人利益和集体利益的同时，要注重公正、公平和公开的原则，要尊重他人的权利和利益，要遵守道德和法律的规定。只有这样，我们才能真正实现个人和社会的共同发展与进步。

希望读者在阅读这本书的过程中，能够深刻理解阳谋的本质和价值，同时也能明白实施阳谋的原则和底线。让我们一起努力，以阳谋的智慧和胸怀，去创造一个更加公正、公平、和谐的社会。

目录

修心
内心强大，无人可伤，万事从容

内心光明者，自有浩然正气	003
人生无遗憾，才是真正的圆满	005
想赢得信任，要先让自己值得信任	008
诚信，是人人必备的道德名片	011
自爱自尊的人必然受人敬爱	013
清正廉明就是有担当、有作为	015
气度高旷，不忘自省	017
品德是修心的至高追求	019
年幼时，就应有正大光明气象	021
突破心中障碍，提升胆识	024
不求尽如人意，但求问心无愧	026
寸心洁白，可以昭垂百代清芬	028
心胸扩大，眼界才能随之扩大	031
以安贫乐道的心态面对生活	033
君子宁以风霜自挟，毋为鱼鸟亲人	036

立志
志不立，天下无可成之事

人生于天地间，自当壮志凌云	041
意气精神，不可磨灭	045
勿让壮志消磨在声色犬马中	049
道义路上无炎凉，只有勇往直前	053
志不可不高，心不可太大	056
不鸣则已，一鸣惊人	058
人不患贫，只要贫而有志	061
志不立，天下无可成之事	063
说剑谈兵，今生恨少封侯骨	066
大丈夫处世，论是非，不论祸福	068

律己
你有多自律，就有多自由

治人者必先自治	073
人有羞耻心，才能自省自勉	075
适时审视自我，修炼一身正气	077
可以清新脱俗，但别标新立异	079
坚持原则，洁身自好	082

不要用谎言辩解错误 　　　　　085
君子的心事，没有不可告人的 　　088
不要攻击他人的不足 　　　　　091
做事情要守住原则 　　　　　　094
人人慎独，就能避免世风日下 　097
律己足以服人，量宽足以得人 　099
人须有为己之心，方能克己 　　101

运筹
进可平步青云，退可安身立命

不战而屈人之兵 　　　　　　　105
兵不血刃，以谋取胜 　　　　　108
深谋远虑，方能统筹全局 　　　111
巧于迂回，揣测对方的心理 　　114
知己知彼，百战百胜 　　　　　117
智者不说失去人心的话 　　　　120
以冲天气概施退敌之计 　　　　122
因敌变化而取胜者，谓之神 　　125
以退为进也是取胜之法 　　　　128
用兵之道，攻心为上 　　　　　132
知人所不知，见人所不见 　　　135

应变
以变应变，凡事都有出路

三军可夺气，将军可夺心	141
真圣贤，决非迂腐	144
处事不必邀功，无过便是功	146
处世之道，亦即应变之术	148
明者因时而变，知者随事而制	151
错了就是错了，不要文过饰非	154
世无常贵，事无常师	156
与人谈判，随机应变	158
置身事外看问题	162
居安思危，思则有备，有备无患	165

借势
顺势而为，借势而上，以弱胜强

天时地利，借势而为	169
把握有利时机，一举成功	173
求之于势，不责于人	176
破釜沉舟，势在必行	179
置之死地而后生	182

君子生非异也，善假于物也	185
成大事者善于借势	187
好风凭借力，送我上青云	189
借势也是一种能力	191

识人
成熟不是看懂事情，而是看透人性

人无完人，用人不必求全责备	195
人不可面相，海水不可斗量	197
交友须带三分侠气	199
君子之交重在和而不同	201
纵死侠骨香，不惭世上英	203
掌握中庸之道	207
乍见之欢，不如久处不厌	210
交友的真谛在于由淡薄到浓厚	212
慧眼识人，勿听他人一面之词	214
心有邪念不识交	216
与人不可太分明	219
敞开心胸与人交往是天下畅快事	222
宁可艰于择人，不可轻任而不信	224

成事

看天地，见众生，做自己，向内求

为人师表者，当传授圣人之道　　229

持之以恒，终有所成　　231

知耻而后勇，也能成大事　　234

万事面前，宠辱不惊　　238

读书人以德为重，文章为末　　240

胸襟宽广，功业长久　　242

读万卷书，更要行万里路　　245

不拘小利，方可成就大业　　247

建立功名，要脚踏实地　　249

最差的结局也不过是大器晚成　　251

成名每在穷苦日，败事多因得志时　　253

修心

内心强大,无人可伤,万事从容

但凡强者,无不是做人光明磊落,做事光明正大。强者并非强在手段,而是强在内心。阳谋立身,重在修心。此心光明,顶天立地,一身浩然正气,便足以令心怀鬼胎者望而却步、一触即溃。

内心光明者，自有浩然正气

原文

不忮不求，可想见光明境界；勿忘勿助，是形容涵养功夫。

——《围炉夜话》

译文

一个人安贫乐道、与世无争，便可以看出来这个人内心光明；不忘记施行道义，也不急于求成，这才是培养浩然正气的好方法。

典故趣读

西汉武帝时期，太史令司马迁刚正不阿，且文笔精妙，当世无双。他出身于史官世家，自幼对著书论史产生了浓厚的兴趣，深通尊重历史的道理。司马迁不但在书写历史的过程中力求客观公正，在评论时事上，也同样能够做到实事求是，不偏不倚。

汉武帝连年对匈奴作战，虽然平定了北疆的动乱，却也劳民伤财，使得国家财政的负担逐年加重。而在战争过程中，汉武帝对李广后代将领的歧视和对外戚将领卫青、李广利等人的偏向，也成为司马迁对汉武帝劝谏的主要焦点。在一次对外作战中，李广利仅仅打了个小胜仗就被封侯，一生未被封侯的李广的后代李陵，经数日血战，粮尽矢绝之后，不得不选择降敌。听闻此讯，汉武帝龙颜大怒，下令诛杀李陵全家。

在一次朝会上，司马迁力劝汉武帝对李陵一事宽大处理，并直接指出李广利战功的子虚乌有，惹得汉武帝迁怒于他，司马迁最终身陷囹圄，并被判处侮辱人格的宫刑。司马迁深受奇耻大辱，却没有放弃去伪存真、去邪留正的目标，仍刻苦钻研历史，写成了中国最早的纪传体通史《史记》。司马迁始终在修心之道的激励下，用自己的作品为自己刚正的品格代言，成为后世学习的楷模。

修心之道

在物欲横流的时代里，依然做到对人格的坚持，并通过自己的文章表现和宣泄出来，这正是"文如其人"的基本精神内涵。不因为尘俗利益的考虑，而在立场上产生动摇和偏离，这正是大丈夫的真正表现。

人生无遗憾，才是真正的圆满

原文

此心光明，亦复何言。

——《王阳明先生年谱》

译文

（我）这一生光明磊落、无愧于心，没有遗憾了，还有什么可以说的呢？

典故趣读

王阳明临终时，身边有他的学生周积陪伴，他缓慢地对周积说："吾去矣！"周积连忙询问："先生有何遗言？"王阳明笑了笑，对他说："此心光明，亦复何言！"说完便与世长辞。

"此心光明"点明了王阳明一生对人生追求的重要原则：一生谨守本心，不在乎外界的看法和评判；"亦复何言"则道出了人生很重要的一个心理防卫机制，那就是不要盲目跟从世俗的价值观，走适合自身情况的道路，才能真正地实现自我的独特价值。王阳明的这句话，就是他一生的真实写照。

王阳明生活在一个动荡不安的时代：皇帝昏庸无道，阉党残害贤良，官吏贪污乱纪……这让身在官场之中的王阳明十分苦恼，但是他没有因为困难而退步，而是坚守住了内心的节操和底线，把自己提升到了"同流不合污"的境界。

明朝武宗时期，江西的宁王发动叛乱，率军出江西，想进攻南京。担任都察院左佥都御史的王阳明正在巡抚南安、赣州及福建汀州、漳州等处，他闻变，在江西募集义兵，传檄勤王，征讨宁王。宁王的军队进攻南京犹疑不决，又转向进攻安庆，却把自己的大本营——南昌守备的兵力抽调了。王阳明抓住战机，率军一举攻入南昌。叛军腹背受敌，大败而逃，不久宁王就被俘了。这时候，明武宗率领大军刚刚赶到战场，一看没有仗可打，就很生气。身边的宦官进谗言，挑唆武宗放了宁王，与他再打一仗并亲自俘获宁王。王阳明十分痛恨这些宦官，但为了天下苍生，他只能对他们动之以情、晓之以理，说明这样做会死更多黎民百姓，浪费国家更多的钱粮。最后协调结果是：把宁王一个人放出来让明武宗俘虏，高兴一下。

这场闹剧让王阳明深刻地见识到了明朝官场的丑态，他感到很痛心，却没有能力改变这种作风。

在浙江余姚守孝期间，王阳明致力讲学。嘉靖六年（1527年）五月，王阳明授命镇压思恩、田州、八寨、仙台、花相等地叛乱，翌年秋平定。后肺病加剧，上疏告退，病逝于江西南安青龙浦舟中，时年57岁。临终之际，弟子问他有何遗言，他说："此心光明，亦复何言！"似乎俗世间这一切纷纷扰扰都与他无关，功名利禄都只是过眼云烟，心底那一片光明足以支撑他穿越一切黑暗，温暖他一路倍加辛苦而艰难的历程。

修心之道

内心光明，上升到生活哲学的境界，就是不害怕失败，不在意世俗舆论，不惧怕死亡。只有时刻坚守自己的原则、信仰和道德，才能让清者自清，不被恶浊的世风玷污。看清前路的艰险，不被一时的功名利禄牵绊，超脱于世俗，定能抵达成功的彼岸。

想赢得信任，要先让自己值得信任

原文

信不足焉，有不信焉。

——《道德经》

译文

诚信不足，就会失去信任。

典故趣读

东汉开国名将冯异早年在篡位称帝的王莽手下效力，协助苗萌守卫父城。王莽地皇三年（22年），刘秀奉更始帝之命，率兵攻打父城，久攻不克。有一次，冯异出城巡视下面的属县，不慎被刘秀的部下擒获。冯异的一些同乡素知他是一个德才兼备之士，遂向刘秀推荐。刘秀召见冯异，谈得非常投机。刘秀劝冯异归顺，冯异欣然同意。于是，刘秀便将他放了。

冯异果不失信，回到父城后，劝苗萌说："现在各将领都是受压迫而反抗的壮士，很多都凶暴蛮横，只有刘秀的军队到哪里都不劫掠。看他的言行举止，不是庸碌之辈，可以投靠。"

苗萌一向信赖冯异，表示愿意跟他"死生同命"。刘秀见冯、苗二人同意归顺，便率兵而回，以示信赖。但更始帝不信冯、苗是真投降，前后派了十几名将领攻打父城，都被冯、苗率军击退。后来，刘秀路过父城时，冯异便下令大开城门，献上慰问品，欢迎刘秀，双方的信任程度又深了一层。

更始帝命刘秀攻占河北，冯异追随效力，出了很多好主意，推荐了很多优秀人才。刘秀对他信任有加，派他去抚恤各县。冯异所到之处，以刘秀的名义，平反冤狱，抚恤鳏寡，因此，河北百姓多归心于刘秀。王郎在河北自立为王，派兵四处搜捕刘秀，形势危急。刘秀昼夜不敢入城邑，吃住都在荒野，常常不得不忍受饥渴之苦。冯异设法弄来粮食，自己饿着肚子，进献给刘秀吃，刘秀十分感动，日后多次提及此事。

刘秀在诸将的协助下，击败王郎，将河北之地渐渐纳入自己囊中。诸将打了胜仗，都很得意，常常"并坐论功"，唯独冯异"谦退不伐"，当别人争功时，他独自坐在大树下，不发一言，因此人送雅号"大树将军"。

后来，冯异独自带兵作战，或攻城略地，或招降纳叛，功劳卓著。他还跟诸将一起，拥立刘秀为帝，成了刘秀最重要的心腹之一。刘秀封他为阳夏侯、征西大将军，派他去平定河南、关中等地。冯异不负所托，在河南击败、降服赤眉军二十多万，又挺进关中，平定关中全境。他在关中三年，遍施仁义，威重令行，深得百姓爱戴，时人都称他为"咸阳王"。

但是，冯异没有为名声所惑，反倒心存惶恐：关中是天下要地，秦始皇以它为根据地扫平六国，刘邦以它为根据地统一天下，如今他占据了关中要地，会不会引起皇帝的疑心呢？因此，冯异向刘秀上书，表明自己"思慕阙廷，愿亲帷幄"，请求回到刘秀身边。刘秀知道他的担心，不允所请。后来，有人向刘秀上奏章，说冯异在关中"威权至重，百姓归心"，应该提防。刘秀将奏章给冯异看，冯异诚惶诚恐，上表向刘秀请罪，表明绝无反心。刘秀下诏安慰说："将军之于国家，义为君臣，恩犹父子。何嫌何疑，而有惧意？"冯异请求将妻子儿女留在京城为人质，刘秀不同意，让他将妻子儿女带在身边，以享天伦之乐。

冯异长期带兵在外，刘秀始终对他信任有加；而冯异对刘秀忠心耿耿，从无二心，凡事勤勉，从不懈怠，立功无数，直至病故于军中。而刘秀和冯异君臣之间同心同德、信而不疑，堪称千古佳话！

修心之道

别人不相信你，可能是因为你不那么可信；只要你值得信任，别人怎么会不相信你呢？先看对方的表现，再决定自己的表现，双方小心翼翼，相互试探，这样做是很难收获信任的。别去猜忌别人，先拿出真心诚意做好自己，让自己值得信任。如此，才会赢得信任。

诚信，是人人必备的道德名片

原文

许人一物，千金不移。一言既出，驷马难追。

——《增广贤文》

译文

做人要讲诚信，答应给人家的东西，哪怕价值千金也不能违背诺言。一句话说出去了，就不能反悔，哪怕是四匹马拉的车也追不回来。

典故趣读

春秋时期，吴王寿梦有一个儿子名叫季札。他虽然年纪不大却很有才华，因此寿梦在位的时候就想把王位传给季札。然而季札却坚决不答应，寿梦只好让长子诸樊继承王位。

有一次，季札受到吴王的委托出使北方，途中拜访了徐国的国君。徐国国君在看到季札佩带的一柄宝剑之后对其赞不绝口，流露出喜爱之情。季札发现了徐国国君喜爱此物，也想把宝剑送给他当作纪念，但因为这把剑是父亲赐给他的作为吴国使节的信物，现在出访的

任务还没有完成怎么能将信物送人呢？于是，季札决定在出访回来的时候把宝剑送给徐国国君。

离开徐国之后，季札先后来到了鲁国、齐国、郑国、卫国，以及晋国等地，在返回的时候途经徐国。正当他决定将宝剑送给徐国国君的时候，却得知国君已经不幸身亡了。

悲痛万分的季札来到徐国国君的墓前吊唁，祭奠完毕之后，他解下腰间的宝剑挂在了坟墓旁边的树上。这时，他的随从问："既然人已经死了，还送宝剑有什么用呢？"季札回答说："当时我在心里已经答应了他，怎么能因为他现在去世了就反悔呢？"

一柄价值连城的宝剑和一个已经去世的赠剑对象，向后人展示了诚信的真正意义。

修心之道

诚信，是一种源自内心想法的道德观念，是一个人能够走遍天下的道德名片，是一笔无法用金钱来计算的无形资产。欺世盗名的人，终将被识破。只有凭借诚信安身立命，才能"仰不愧于天，俯不怍于人"。

自爱自尊的人必然受人敬爱

原文

人必其自爱也,而后人爱诸;人必其自敬也,而后人敬诸。

——《法言》

译文

人一定要自爱,然后才能为他人所爱;人一定要自尊,然后才能被他人尊敬。

典故趣读

唐朝中期,刘禹锡出身书香门第,自幼聪颖好学。他从小便展现出了非凡的才华,被誉为"神童"。但是他并未骄傲自满,而是始终保持谦虚的态度,不断追求进步。

在官场上,才华横溢的刘禹锡备受瞩目,但他并不愿意与权贵同流合污,始终坚守着自己的信念和原则。他不畏强权,敢于直言不讳地指出时弊,因此得罪了不少权贵。尽管多次遭受打压和排挤,刘禹锡始终没有屈服。

后来，刘禹锡参加了王叔文等人推行的"永贞革新"，想改革弊政。然而改革触犯了藩镇、宦官和大官僚的利益，很快宣告失败。随后，刘禹锡被贬至偏远之地。

在贬谪之地，刘禹锡并没有消沉，而是修建水利、兴办教育、赈济灾民，深受百姓爱戴。

他深知贫困百姓的疾苦，于是用自己的诗歌和才华为他们谋求福利。他的诗歌深情而豪放，反映了当时社会的矛盾和人民的苦难，对后世产生了深远的影响。

随着时间的推移，刘禹锡的诗歌传遍了整个大唐帝国。他的才华和人格魅力得到了越来越多人的认可。最终，皇帝也意识到了刘禹锡的价值，将他召回了朝廷。

回到朝廷后，刘禹锡依然保持着铁骨铮铮的精神。他不畏权势、不阿谀奉承、坚守自己的信念和原则。他用自己的一生践行了自尊自爱的价值观，成为后世的楷模。

修心之道

自尊自爱不仅是一种内在的品质，更是一种傲骨的表现。自尊自爱就要在品格、行为上严格要求自己，这样才能得到别人的尊敬。

清正廉明就是有担当、有作为

原文

君子敬以直内，义以方外，敬义立而德不孤。

——《周易》

译文

君子以恭敬慎重的态度作为内心的正直准则，以合乎正义的行为处理外界事务，做到既严肃又正当，他的德行就不会孤单了。

典故趣读

春秋时期，公仪休以其卓越的领导才能和工作实绩晋升为鲁国宰相，成为万人之上的高官。他有一个爱好，那就是喜欢吃鱼。这个嗜好为人们所知后，许多人都想送鱼给他。然而，面对人们的礼物，公仪休却选择了一概拒绝。

按照常理，身为宰相，收下几条鱼并不算什么大事，而且这些鱼的价值不过几十个铜板。然而，公仪休却有自己的考量。他认为，正是因为喜欢吃鱼，才不能收别人送来的鱼。如果收了鱼，难免会因为

"吃了人家的嘴软、拿了人家的手短"而徇私枉法,甚至丢掉官职。到那时,官职没了,薪资没了,就算再喜欢吃鱼,也弄不到鱼吃了。

公仪休深知,只有保持清正廉明,才能保全自己的名节和职位。他相信,只有不收别人的礼物,才能确保自己不受任何利益的影响,始终秉持公正之心处理政务。同时,不收鱼也能让送鱼者明白他的决心和原则,从而打消他们送礼的念头。

公仪休的智慧和廉洁,使他赢得了人们的尊敬和信任。他的故事也成为一个典范,告诉人们只有坚守原则、不取不义之财,才能真正赢得他人的尊重和信任。

修心之道

在古代,许多官员之所以能成为清正廉明之人,其中一个重要原因就是他们"畏法律保禄位而不敢取"。保持敬畏之心,绝非要求人们畏首畏尾、不敢作为,有担当、有作为的敬畏才有存在价值和意义。

气度高旷,不忘自省

原文

气象要高旷,而不可疏狂;心思要缜密,而不可琐屑;趣味要冲淡,而不可偏枯;操守要严明,而不可激烈。

——《菜根谭》

译文

一个人要拥有高远、旷达的气度,但是不能忘乎所以、过于粗疏;所思所想要细致缜密,但是不能杂乱无章、过于琐碎;趣味要不失高雅,但是不能过于枯燥、单调;品德和行为要严正、光明,但是不能过于偏激、刚烈。

典故趣读

三国时期,有一位辅佐刘备进军西川的大臣名叫庞统。他曾与刘备之间发生过这样一段小插曲。

据说一日,刘备摆设宴席慰劳将士,酒酣耳热之时,刘备和庞统因为一件小事而言语不和,刘备大怒,责问庞统:"你知不知道你现在所说的话是多么不合乎道理?赶快给我退下吧!"庞统见状只好悄然离开。

过了一会儿,刘备回想起自己当时冲动之下的气话,后悔不已,就又把庞统请了回来。庞统回到座位上不看刘备,也不道歉,只顾自己吃喝。刘备见了就问:"刚才我们的对话,到底是谁的错啊?"

庞统连忙说:"您与臣都有说话失礼之处。"刘备大笑。

于是两人便和好如初,继续欢笑畅谈了。

修心之道

一个人要想做到不偏颇,恰到好处,就要善于自省。自省是对自身言行思想境界必须的磨炼,能给人带来意想不到的收获。自省可以化敌为友,可以转危为安,可以查漏补缺,可以改变一个人的命运和未来……哪怕只是对一件小事的自省,从中得到的收获也会让人终生受用。

品德是修心的至高追求

原文

世之君子，唯务致其良知，则自能公是非，同好恶，视人犹己，视国犹家，而以天地万物为一体，求天下无治，不可得矣。

——《传习录》

译文

世上的君子，只要一心追求传达他们的良知，就自然能公正地辨别是非，统一好恶，对待别人像对待自己，看待国家犹如看待自己的家族，认为天地万物是一个整体的，（这样）而天下还不能安定太平，是不可能的。

典故趣读

春秋时期晋国的大夫祁奚年老请求退休，晋侯就问他谁可接任。祁奚推荐了他的仇人解狐。不幸的是，诏令未发，解狐却死了。晋侯又征求祁奚的意见，这次祁奚推荐了自己的儿子祁午。

当时，祁奚的副手羊舌职也死了。晋侯又问祁奚的意见，祁奚说："其子羊舌赤适合。"晋侯公便安排祁午做中军尉，羊舌赤佐助。

虽然《左传》对这件事的描述只有寥寥数语，但我们还是能够从中看到一个正直无私、胸怀广阔的古代贤者形象。祁奚年纪大了就请辞，不恋权。晋侯征求自己的意见时，他推荐自己的仇人、儿子和副手的儿子，也不怕别人说他刻意讨好献媚，或者结党营私。因为他的正直值得信任，他推举仇人，不算是谄媚；举荐儿子，不是出于偏爱；推荐直属的下级，不是因为偏爱。

所以，史书用"无偏无党，王道荡荡"（没有偏爱，没有结党，王道坦坦荡荡，公正无私）这句话来形容祁奚是再合适不过的。

修心之道

什么是良知？孝悌礼智信就是最简单的良知。修心养德，并不是一次性"致良知"。致良知需要人们不间断地在事物上历练，去正心。有了良知自觉自醒，邪念便无处隐身并被彻底扬弃。当我们的"致良知"实践得多了，就能摆脱私利的干扰，拂去心灵上的尘土，成为"灵丹一粒，点铁成金"，成为君子。

年幼时,就应有正大光明气象

原文

教子弟于幼时,便当有正大光明气象;检身心于平日,不可无忧勤惕厉工夫。

——《围炉夜话》

译文

教导子孙后代要从幼年开始抓起,以便培养他们为人处世时正直宽大、光明磊落的气概;在日常生活中要时刻反省自己,保持忧患意识和自我砥砺的修为。

典故趣读

东汉末年的北海名士孔融,是孔子的后代,他年幼时期在良好的家教之下,显露了过人的才智。

孔融4岁那年,父亲孔宙在家设置水果宴,在吃梨子的时候,孔融想到了上面有四个哥哥,下有一个尚在襁褓之中的小弟弟,于是很有礼貌地让兄弟率先挑选大而甜的梨子,自己只选了个最小的。父亲看罢，十分高兴，便认定这个孩子将来必有出息。

在他10岁的那年，父亲将他带到了洛阳，想让儿子见见世面，熟悉一下京城里的大人物。

当时京城中最有名望的人物，莫过于大学问家李膺。孔融居然直接去李膺家拜访，自称是李膺的世交。李膺带着惊异的口气问他是什么世交，孔融高傲地说，自己的祖先孔子曾经拜访李膺的祖先老子，讨教救世的良方，故而称为世交。李膺的门客们纷纷议论此事，很多人为这个孩子的聪明感到惊奇。然而有一个门客则冷嘲热讽："小时了了，大未必佳。"（小时候聪明，长大了未必好到哪儿去。）而孔融则很机智地回应那个门客："想君小时，必当了了。"（想您小时候一定很聪明。）那个门客十分尴尬。

孔宙一味对孔融进行开明的家庭教育，只注重挖掘他的智慧潜能，却忘记了教诲他时刻自省的先祖古训，以至长大后的孔融虽然满腹经纶，却意识不到自己尖刻犀利的缺点，仍然锋芒毕露、高傲自大。

孔融凭借自身才能和家族威望，很顺利地在官场上谋求到了北海太守这一要职，于是踌躇满志，整日读书饮酒、吟诗作画，却忘记了政治腐败、国库空虚，已经达到了民不聊生的地步。他虽然身为一方父母官，却鲜有作为。在黄巾军的数次进攻下，他损兵折将，及至后来袁绍派遣大儿子袁谭率大军围困北海的时候，孔融还在城池中寻章摘句。大军攻城七天后，北海驻防被袁军悉数摧垮，孔融硬是抛弃了自己的妻子，弃城逃亡。他前往许昌投奔了初步掌权、正在招贤纳士的曹操，先后担任少府、司空祭酒与将作大匠等要职。

然而一旦稍微位高权重，孔融又开始忘乎所以。由于与曹操的政见不合，他总是站出来与曹操唱反调，甚至嘲讽曹操。

曹操为了节省粮食而下令民间禁酒，孔融以"故天垂酒星之耀，地列酒泉之郡，人著旨酒之德"为由，反对曹操这一措施。曹操为了打击朝中权臣的势力，想要杀掉太尉杨彪，孔融发动舆论迫使曹操将杨彪由死罪改成了罢官。虽然几次较量，孔融似乎都占了上风，可曹操心中早已怨恨在心。

200年，官渡之战爆发，曹操率军抵抗袁绍的进攻，可是孔融再度在朝中大放厥词，鼓吹袁绍之猛，不可战胜，一度使得军心动摇。官渡之战曹操因为打了胜仗，在朝廷中威望大增，于是开始搜罗孔融的"罪行"，很快以"不忠不孝"的理由，将孔融诛灭三族，致使一代名臣惨死于枭雄之手。

孔融的最终下场，诚然可怜。可是可怜之人必有可恨之处，孔融身上这些尖酸刻薄、傲慢自大、华而不实的"可恨之处"，正是在他幼年所接受的"一边倒"的家庭教育而引发的。小时候才思敏捷，又深通孝悌之道，一度被人们称为少年英才。然而"年少得志大不幸"，孔融在人生一帆风顺的时候，便忘记了反思自己的不足，在仕途中不论对谁都锋芒毕露，甚至在曹操面前卖弄自己的才智，结果自取灭亡。

修心之道

少年时代的教育，既要有顺境，也要适度经受逆境。顺境使人自信，而逆境则使人自省。探索和反思，正如行走的双腿，二者缺一不可，因为一条腿行路，注定是要跌跤的。

突破心中障碍，提升胆识

原文

圣人只是顺其良知之发用，天地万物俱在我良知的发用流行中，何尝又有一物超于良知之外能作得障碍？

——《传习录》

译文

圣人只是遵循着他的良知去为人处世，天地万物也都是在良知的范围内运动，又何尝有一物能超脱于良知之外，而成为致良知的障碍呢？

典故趣读

从前，有一个叫列御寇的人，箭术高超，百发百中。有一次，列御寇为伯昏无人表演射术，他心里很骄傲，因此故意卖弄。只见，列御寇在胳膊上放一杯水，然后拉弓射箭，一箭接一箭，全部命中靶心，而杯子里的水没有洒出一滴。

列御寇稳健的姿势赢得了周围人的喝彩，他得意地朝伯昏无人笑了笑，期待着他的赞赏。可是，伯昏无人却说："这只是为射而射，还不是忘我之射。如果你登上高山，脚踩险石，前面就是百丈深渊，你还能射吗？"说完，伯昏无人拉着列御寇登上了高山，踩着摇摇欲坠的石头，面临着万丈悬崖，伯昏无人的脚掌有三分之二悬在悬崖之上，他作揖，请列御寇在这儿再来射箭。

这时候，列御寇却吓得冷汗直冒，浑身虚脱，连弓也拉不开了。伯昏无人见他这样，便说道："射术精深的人，能够上观青天，下测黄泉，纵横八极，神态自若。而你瞻前顾后，胆战心惊，自然很难射中目标了。"

列御寇在平地上能够百发百中，到了悬崖边上却吓得连弓也拉不开了，说到底，这是一个胆识的问题。列御寇在悬崖边上心生恐惧，他突破不了这种内心的障碍，也就是没有胆识，因此他平时的箭术无法发挥出来。可见，想要增加自己的胆识，就必须突破内心的障碍。

修心之道

通览古今中外，凡是有所成就的人，莫不是气冲云霄、胆识过人之辈。胆识，是一种境界，是"泰山崩于前而色不变，麋鹿兴于左而目不瞬"的大将风范。要想成就大事业，就必须突破心中的障碍，培养过人的胆识。年轻人要多到社会上闯一闯，增加自己的见识，见多识广后，恐惧就会离你越来越远，勇气离你越来越近。除此之外，还需要"养气存神"的功夫。专心致志，心无杂物，内心进入一种空明的状态。这时候，你就会感觉到自己与整个世界融合，心外无物，心外无理，所有的障碍不复存在，胆识也就自然而然地增加起来。

不求尽如人意，但求问心无愧

原文

处事有何定凭，但求此心过得去；立业无论大小，总要此身做得来。

——《围炉夜话》

译文

做事情没有固定的评定标准，只要问心无愧就行。创业也不必定位于某种行业，只要与自己的素质能力相匹配即可。

典故趣读

孔子主张"学而优则仕"，是一个不折不扣的"官迷"，但是他并不醉心于功名利禄，而是能够在做官中秉持自己务实和亲民的理念。孔子年轻的时候，曾经在鲁国权臣季氏的门下做一名委吏，是一个管理粮仓的小官，并不是很能拿得出手。但是孔子并不介意，凭借自身的能力和态度，把这个小小的工作做得有声有色，很快晋升为管理畜牧的乘田。有人问他为什么能把业绩干得这么突出，他只认为这是"眼高手低"的结果。在这里，"眼高手低"并不是一个贬义词，而是强调做事情要把目标放远，并且要付出基本的执行力。孔子并不在职位上挑挑拣拣，不论是小小的委吏还是偌大的司寇，都能够摆正自己的位置，并用政绩彰显自己的能力和价值。

清代小说巨匠蒲松龄先生才华横溢，他创作的《聊斋志异》，堪称中国古代文学中的一朵奇葩。然而他在科举考场上却很不得意，年逾古稀才援例成贡生，其余时间均在落榜的失意中度过的。蒲松龄在科考中失意，并非因为才学不足，相反他思维活跃，创新意识极强。但在那个八股取士的时代里，越是这样棱角分明的才子，就越是难以进入仕途主宰者们的视线。尽管如此，蒲松龄始终坚持着"我手写我心"的原则，虽然没有金榜题名，却使得自己的文学水平得到了大大的长进。

修心之道

但求问心无愧，正是对以成败论英雄的传统观念的否定。心永远是个人命运的主宰，在不违背道德意识的前提下，只要无愧于心，洒脱自主地度过，再坎坷的际遇，也能促使人成长。

寸心洁白,可以昭垂百代清芬

原文

一念慈祥,可以酝酿两间和气;寸心洁白,可以昭垂百代清芬。

——《菜根谭》

译文

一念之间的慈悲祥和,便可以在天地之间形成一股和平之气;心地纯洁清白,便可以让自己的好名声千古流传。

典故趣读

西汉时期,有一个名叫程文矩的人,他的妻子因病去世,留下了四个还未成年的孩子。过了一段时间之后他又娶了一个妻子,名叫李穆姜,又给他生了两个孩子。不幸的是,安稳的日子没过多久,程文矩也撒手人寰。

一时间,生活中所有的压力都压在了李穆姜的肩上,她既要忙于繁重琐碎的家务,又要赚钱养家,还要教育孩子成长。不过,作为后母的李穆姜对待前妻生的四个孩子比对自己的孩子都好,可惜这四个孩子一点都不理解她,更不愿意接受她,反而处处刁难她,不尊重她,他们都认为李穆姜这样对他们,是为了赢得周围邻居的称赞而已。

这一切,李穆姜的家人和邻居都看在了眼里,也常常会为李穆姜打抱不平,劝告她不要再管了,费力不讨好,何必呢!可李穆姜却坚持要教育好这四个孩子,严格要求他们,引导他们走正路。

有一次,大儿子病了,病得很重,李穆姜如同亲生母亲一样心痛着急,她四处求医问药,只要听说有名医的地方她都前去求诊,每次都抓很多药回来,亲自煎药,再服侍大儿子喝药。

就这样,在李穆姜无微不至的照料下,大儿子恢复了健康。病好以后,他做的第一件事就是向李穆姜道歉,自己曾经刁难过她,没想到李穆姜真的将自己当成了亲生儿子一样对待,他对李穆姜无限感激。

后来,大儿子还劝说三个弟弟好好反省。听了他的话,三个弟弟也都感到了万分的惭愧,他们跑到了掌管刑罚的官员那里准备领受责罚,不过这个官员不仅没有责罚他们,反而将事情上报了太守,太守听说之后很感动,下令表彰了李穆姜的行为,还让那四个孩子好好改过自新。

在李穆姜的正确养育下,四个孩子都长大成人了,并且都很有出息。

修心之道

人人都有仁爱之心,面对可怜的人时,常常能显现出来,面对懂得感恩的人时,更是喜欢奉献出来。然而,面对不接受自己的好意并且刁难自己的人时,怎样才能让仁爱之心长存呢?答案是,践行仁爱不仅体现在孝悌、忠信、礼义等方面,还需要通过对人性的自省与教诲让仁爱植根于人们心中,从而达到永不磨灭的境界。当所有人都追求仁爱之心时,必然会让天下充满祥和,让人间充满大爱。

心胸扩大,眼界才能随之扩大

原文

心旷则万钟如瓦缶,心隘则一发似车轮。

——《菜根谭》

译文

心胸旷达的人,即使是看到万贯财产,他也会觉得这财产像瓦罐那样没价值;心胸狭隘的人,即使是看到一丝利益,他也会觉得这利益像车轮那样巨大。

典故趣读

一次,惠子向庄子诉说了一个困扰他的问题:"魏王曾送给我几颗大葫芦的种子,我就将它们栽培了起来,如今葫芦都已经长出来了,可是长得过大了,若是拿去盛水,又怕它的外壳不够坚硬,承受不了水的重力,被压坏了;若要是把它劈成两半,做成舀水用的瓢,又感觉实在是太大了,用着也不方便,更没有地方搁放它们。葫芦是够大了,可是再大的葫芦没有用武之地也是废物,因此,我思前想后就只有把它们砸碎了。"

庄子答:"看来您真的是不太善于利用东西。在宋国有一户人家,世世代代靠漂洗丝絮和调制手足皲裂的药物为生。有一个途经此处的游客听说了这件事情,便出重金想收购他们的药物和秘方。这家人便聚集在一起,经过了仔细的商讨后,决定把秘方卖给这个游客,原因是他们家世世代代依靠这个为生,也并没有挣到过什么大钱,如今有人愿意出这么高的价钱,还是赶紧出手好些。后来这个游客来到了吴国,正好赶上吴国打仗,需要在水上交战,很多官兵手上都出现了皲裂。这个人便拿出了秘方用来医治他们。吴国大获全胜,吴王为了赏赐他就划割一块地赠给了他。同样的药方,有的人拿着就只能单纯的维持生计,有的人却能赚取巨大的好处,由此可见,使用方法的不同,结果完全是不一样的。如今你拥有这么大的葫芦,为什么不考虑把它制作成小舟呢?那样就能在江湖之中漂浮。可你却因它无处可用要砸碎了它,实在可惜,可见你还是不开窍啊!"

惠子一下子就明白了其中的道理,对庄子很是感激。

修心之道

将自己的心胸开阔,眼界才能随之扩大,从而看到世界上所有美好的事物。当心胸开阔之后,才能发现别人发现不了的自然奥秘,也能让自己得到前所未有的收获。而一个人心胸的大小,根本原因在于他是否志存高远。只有胸怀大志,才能胸襟开阔。而心胸开阔的人往往具有豁达的人生观,以义作为取舍,仗义而疏财,但决不挥霍浪费。因此,心胸豁达往往是事业成功的基础。

以安贫乐道的心态面对生活

原文

君子处患难而不忧,当宴游而惕虑,遇权豪而不惧,对茕独而惊心。

——《菜根谭》

译文

才能和德行都具备的君子,即使生活在恶劣的环境中也绝对不忧心忡忡,但是安乐悠游时却能知道警惕,以免堕落迷途;即使遇到豪强权贵也绝不畏惧退缩,但是遇到孤苦无依的人时却富有同情心,愿意伸出援助之手。

典故趣读

年过六旬的苏轼被贬海南时,空中下着连绵的细雨,冷风肆意地吹拂,环境格外凄凉。被贬之后的苏轼每天都过着粗茶淡饭的日子,所居住的地方也不过是一间仅能挡风避雨的陋室,但是苏轼全然不在意,依然乐在其中,从未感到苦闷。他没有以文豪自居,而是融入当地,走街串巷,了解着这里的风土人情,享受着其中的快乐。

有一次，苏轼在山脚下遇到一位樵夫。他欣赏樵夫"倏然独往来，荣辱未易关"的潇洒，樵夫隐隐觉得苏轼是一位世外高人，虽然言语不通，但将自己卖柴所得的"古贝布"（棉布）送给了苏轼，用以抵御风寒。

苏轼和周围的邻居也能打成一片，相处很融洽。他们都主动给苏轼送饭吃，同他聊天。每每提及往事，苏轼也不过是一笑置之，从来看不出有丝毫的难过和惆怅。他认为昔日的富贵如同浮云过眼，繁花似锦的一切也不过是大梦一场，无足挂齿。

实际上苏轼在被贬之后，过的日子十分拮据且贫寒，岭南的天气特别潮湿，地气蒸热，海风又大，年迈的苏轼想要适应这样的生活其实是很艰难的。但是他在《自题金山画像》中说"问汝平生功业，黄州惠州儋州"，将被贬之后的日子看成了自己平生的功业，善于自嘲、豁达从容，实在是难得。

同样是贬谪，韩愈的《左迁至蓝关示侄孙湘》中描述的境况是何等凄凉："一封朝奏九重天，夕贬潮州路八千。欲为圣明除弊事，肯将衰朽惜残年！云横秦岭家何在？雪拥蓝关马不前。知汝远来应有意，好收吾骨瘴江边。"言下之意，韩愈早已丧失了重回朝堂的信心，更别说乐观积极地面对前路艰险。

苏轼则不然，几度迁谪途中，他总有"也无风雨也无晴"之类充满乐观昂扬情绪的诗句。

黄庭坚曾说苏轼胸中有洪炉，故能陶冶万物，点铁成金。诚哉此言！"不以物喜，不以己悲"已是难能可贵，境由心生而不心随境转，从而化悲苦为闲适、视棘途如大道，那就更是难上加难了。

修心之道

只要将自己的心态调整好，即使风餐露宿，也能安贫乐道，还可以用自己的快乐感染身边的人，为他们带去希望。与此同时，这种积极向上的心态也能带自己走出低谷。修养深、品德高的人不同于凡人的地方在于他们有较强的意志力，不为外物所扰而坚持品性。君子处患难而不忧，首先，是因为他们具有安贫乐道的精神。其次，他们在享乐安然的环境中能保持清醒，忧患意识强，所以能防微杜渐。最后，由于他们有远大的追求并参透人生，所以不屑权势更不惧权势。

君子宁以风霜自挟,毋为鱼鸟亲人

原文

苍蝇附骥,捷则捷矣,难辞处后之羞;茑萝依松,高则高矣,未免仰攀之耻。所以君子宁以风霜自挟,毋为鱼鸟亲人。

——《小窗幽记》

译文

苍蝇附在马尾上,固然速度如风,却挣脱不了屈居在马屁股后面的羞愧;茑萝绕着松树攀缘向上,固然可以爬得很高,却无法免去攀附高大松树的耻辱。所以,君子宁受风霜夹击之苦,也不要像缸中鱼、笼中鸟一般趋炎附势。

典故趣读

宋真宗时,家在聊城的书生李垂考中了进士,先后担任著作郎、馆阁校理等官职。李垂是个有真才实学的人,为人耿直,对官场中趋炎附势之风非常反感,一直没有得到重用。

当时的宰相是丁谓,政绩不怎么样却很会阿谀奉承,常以卑劣的手段讨取真宗的欢心。他还善于玩弄权术，朝臣们想要升官就必须先拍他的马屁。李垂对此不屑一顾，有人问他为什么从不去拜谒丁谓，李垂回答："丁谓作为一国宰相，不去想如何创造政绩，造福于民，却带起阿谀奉承、趋炎附势之风，有负朝廷和百姓的期望，这样的人有什么值得拜谒的？"

这话传到丁谓耳朵里后，丁谓恼羞成怒，随便找了个理由，便把李垂贬到外地去了。

宋仁宗即位后，丁谓被免职，李垂则被调回京都。

以前的相识纷纷前来与李垂叙旧，有人对李垂说："大家都知道你才学过人，想推举你担任知制诰（为皇帝起草诏书的官员），不过当今的宰相还没见过你，你为何不去拜见他，争取这次机会呢？"

李垂冷淡地回答："如果我早些年去拍丁谓的马屁，可能早就做翰林学士了！我年纪大了，心直口快的'毛病'是改不了了，现在怎能趋炎附势，看别人的脸色来换取所谓的推举呢？"

结果，这番话被当时的宰相知道后，李垂再次被贬去外地。

尽管仕途不顺，但李垂从未丢失过自己清高的气节，像他这样的人，值得一直被传颂。

修心之道

有气节、有风骨的人，穷则独善其身，达则兼济天下。丧失气节、没有骨气的人，即便侥幸拥有高官厚禄，也不过是乱世之臣。

立志

志不立，天下无可成之事

"古之立大事者，不惟有超世之才，亦必有坚忍不拔之志""有志者事竟成"。人生于天地间，自当壮志凌云，如此，千山不可挡，万难皆可破。有志向者，前途远大，何惧蝇营狗苟之辈。胸无大志者，纵能施展千种手段，在阳谋面前也收效甚微。

立志

人生于天地间,自当壮志凌云

原文

　　古之欲明明德于天下者,先治其国;欲治其国者,先齐其家;欲齐其家者,先修其身;欲修其身者,先正其心;欲正其心者,先诚其意;欲诚其意者,先致其知;致知在格物。物格而后知至,知至而后意诚,意诚而后心正,心正而后身修,身修而后家齐,家齐而后国治,国治而后天下平。

——《大学》

译文

　　古代那些要想在天下弘扬光明正大品德的人,先要治理好自己的国家;要想治理好自己的国家,先要管理好自己的家庭和家族;要想管理好自己的家庭和家族,先要修养自身的品性;要想修养自身的品性,先要端正自己的心思;要想端正自己的心思,要使自己的意念真诚;要想使自己的意念真诚,先要使自己获得知识;获得知识的途径在于认识、研究万事万物。通过对万事万物的认识、研究后才能获得知识;获得知识后意念才能真诚;意念真诚后心思才能端正;心思端正后才能修养品性；品性修养后才能管理好家庭和家族；管理好家庭和家族后才能治理好国家；治理好国家后才能平定天下。

典故趣读

杨云翼，字之美，金代文学家、官员，生于官宦之家，自幼天资颖悟，刚学会说话就能"画地作字，日诵数千言"。金章宗明昌五年（1194年），杨云翼得中状元，授官承务郎，应奉翰林文字。此后官至礼部尚书兼侍读。

杨云翼品行高雅，自律极严。他交友重义气，不因朋友死生祸福而改变。对国家之事，他知无不言，且极具远见。杨云翼博学多才，对立法、医药、经学均有研究，著作除文集外，尚有《续通鉴》《周礼辨》等。他是金朝杰出的人物之一，与赵秉文被《金史》誉为"金士巨擘"。

杨云翼为官期间，金朝已由盛转衰，内外交患。西部与西夏对峙，由攻转守，受到侵吞的威胁；东部大元虎视眈眈，时时存在被进攻掳掠的危险；与南宋时和时战，内部吏治腐败，权臣专权，矛盾重重，党争纷纷；国内横征暴敛，国力亏损，民不聊生，灾乱迭起。面对如此艰险的时局，他忧虑在心，勉励支撑，直言劝谏，不避权势，遂以刚正不阿享誉内外。同代人赞其"宏衍博大""中朝第一"。

金宣宗执政时期，频繁用兵南方。杨云翼对于这种穷兵黩武、不顾国家大局的祸国之举，极力反对。他从天时、地利、人和及历史发展的轨迹等方面进行对比，分析利害得失，坦诚直言："国家之虑，不在于未得淮南之前，而在于既得淮南之后……"后来，金兵南伐大败，几至全军覆没，宣宗愧言无面目见杨云翼。

杨云翼为官清正，办案理事依据律令，不受上司甚至皇帝干扰、阻挠。一次，河朔边境的百姓因被蒙古骑兵追杀，被迫泅渡黄河进入南宋。后来这些百姓回到金国后，朝廷欲依法处决，云翼极力谏止，他说："法所重私渡者，在于防止奸细混入，今平民百姓为兵所迫，奔入于河，只为逃生。如果使民不死于敌，而死于法，那么以后就只有屈从敌人了。"这番话使宣宗翻然悔悟，百姓得以活命。

金哀宗即位后，杨云翼升任礼部尚书兼侍读。在讲授《尚书》时，杨云翼对皇上说："帝王的学问不必拘泥于章句之意，只要把握治理国家的要点和关键就行了。例如任贤去邪，如果处理不好，天下就会大乱。有的人虽然说话不顺你的心，但是深含哲理的忠言；有的人说的话，虽然听起来很舒服，但是损害了你的志气。诸如此类，关键在于使自己的心正、诚意，那么，问题就自然迎刃而解了。"

杨云翼患有风湿病，遇到风雨阴湿天气就疼痛难忍。皇上很关心他的病情，亲自询问治好这种病的药方。杨云翼回答皇上说："只是先把心治好而已。心中没有病，邪气自然平息。治理国家也是同样的道理。如果君王先把自己的心放正，行为正派，那么正气就树立起来了，朝廷百官就没有人敢于作奸犯科，天下百姓也就自然安居乐业了。"皇上一听杨云翼所言，豁然明白他借医病的道理来劝谏自己。

杨云翼不仅政绩卓著，练达吏事，直言敢谏，且文名大盛，与文人名士交往甚广，经常推荐贤才，鼓励后进，堪称正心事君礼国的典范。

杨云翼的生平事迹和世人评价，让我们看到了他格物、致知、修身、齐家、治国的生命轨迹。他自幼博览群书，学识渊博，修养高洁，努力地"格物致知"从而达到"修身"。长大后他忧国忧民，为官清廉，富有责任感和使命感，为国家的稳定兴盛和百姓的安居乐业付出了毕生精力。

立志之道

光明正大，这是多么崇高的志向！要想实现这一志向，每个人都需要一步一步地完成从提高自身修养到齐家治国的事业。这个过程又是多么艰难！但是，人生于天地间，如果没有这种志向，与行尸走肉又有什么不同？那就从认识万物，挖掘自身潜能做起，脚踏实地地做人做事吧！

意气精神,不可磨灭

原文

云长香火,千载遍于华夷;坡老姓字,至今口于妇孺。意气精神,不可磨灭。

——《小窗幽记》

译文

关公的香火,千年以来依旧遍布华夏大地,广受尊敬;苏东坡的名字,连妇女和孩子都知道,至今口耳相传。人的意志和精神,是永远不会磨灭的。

典故趣读

关羽,出生在东汉桓帝时期,字云长,是三国时期蜀汉的著名将领。在人生早期,他跟随着刘备四处漂泊,辗转各地进行征战,在白马之围一战成名,斩杀了袁绍手下的大将颜良,和张飞一起被称为"万人敌"。

关羽死后备受推崇,被人们尊称为关圣帝君,历代朝廷对其多有

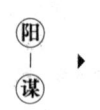

褒封，特别是在清代被奉为"忠义神武灵佑仁勇威显关圣大帝"，被推崇为"武圣"，与"文圣"孔子齐名，在《三国演义》中被尊为蜀国"五虎上将"之首。关羽的忠义历来为人们所传颂，尤其是"千里走单骑"和"华容道义释曹操"的故事。

当时，曹操把持朝政，不把汉献帝放在眼里，国舅董承密谋要替皇帝铲除曹操。曹操知道了这件事，强势地杀害了这件事的策划参与者。由于刘备也参与了这个计划，曹操带领大队兵马攻打到了刘备所在的徐州城下。

面对这种情况，刘备无计可施，只能采纳了张飞的建议，趁着晚上去偷袭曹操的军营。可是曹操早就料到了这一点，提前布下了埋伏，一举击败了刘备的军队。在慌忙逃命的时候，刘备和张飞各自走散了。刘备一个人骑着马投奔了袁绍的阵营，而张飞则逃上芒砀山躲藏了起来。

曹操攻下了徐州后，又继续攻下了关羽驻守的下邳。最终，关羽保护着刘备的妻子、儿女，被曹操的部队围困在了一座山上。曹操非常欣赏关羽的才华，不忍心杀害他，于是就派了张辽上山去劝关羽投降。

关羽为了刘备的妻子、孩子的安危着想，就答应向曹操投降，但是向曹操提出了三个条件：一、他投降的是汉朝，不是曹操；二、要用朝廷给刘备的俸禄来养活他的两位嫂子；三、如果有刘备的消息就要让自己去寻找刘备。张辽将关羽的条件全部如实地告诉了曹操，曹操考虑再三还是答应了，他想着过一段时间，关羽可能就会真心地投靠他了。就这样，关羽保护着两位嫂子，跟随着曹操的大军向着许都行去。在这一路上，曹操故意把关羽和他的两位嫂子安排到了一个房间。整个晚上，关羽都一只手拿着火把，一只手握着长刀，守护在嫂子的房间外面。

到了许都后，曹操经常摆好宴席盛情地款待关羽，并且送给他很多美女和金银珠宝。对于这些，关羽也毫不推辞，都接受了。让曹操没想到的是，关羽却让那些如花似玉的美女去服侍他的嫂子，把那些财物都交给了嫂子收藏起来。曹操又将吕布当年的坐骑赤兔马送给了关羽，关羽对他十分感谢。

对此，曹操感到非常不解，就问他唯独这次感谢他，之前却从不感激。关羽回答说，他得到这匹千里马之后就可以早点找到他的大哥刘备了。曹操听到他的回答后，非常后悔送出这个礼物。

后来，袁绍带领军队来攻打曹操，曹操点兵迎战。袁军手下的先锋大将颜良作战勇猛，锐不可当，连续斩杀了曹操手下的大将宋宪和魏续。这时，曹操手下的谋士程昱建议曹操派关羽上阵去迎战颜良，这样就可以让袁绍因为仇恨关羽而杀了刘备，关羽也就不会离开了。果然，关羽顺利地斩杀了大将颜良，紧接着又斩杀了袁绍手下另一员大将文丑。

曹军大获全胜。袁绍得知关羽杀了颜良、文丑后，果然要将刘备斩首。刘备说："曹操是故意派关羽出战来激怒你杀了我的，我现在就给关羽写信让他来投靠你。"关羽收到刘备的书信后，便去向曹操辞别，为了留下关羽，曹操称病避而不见。最后，关羽将曹操之前送给他的财物、美女都留在了房间中，将曹操封自己做的汉寿亭侯的大印挂在军营中，护送着两位嫂子离开了。

曹操听到关羽离去的消息，想到当初招降关羽时许下的条件，便决定去为关羽送行。在一路上，关羽护送着两位嫂子先后经过东岭关、洛阳、汜水关、荥阳、滑州，斩杀了曹操六员大将，才最终渡过黄河，重新回到了刘备的麾下。"千里走单骑"的故事也成为关二爷忠肝义胆的象征。

建安十三年（208年），孙权、刘备联军于在长江赤壁一带大破曹操大军。曹操带领着残余部下慌忙逃跑，途经华容道时遭遇了埋伏在此的关羽部队。

曹操说："看来只有决一死战了！"程昱献计道："关羽向来恩怨分明，忠义为先，您曾经对他有恩，现在亲自去求他，关羽肯定会放过您的。"

曹操上前对关羽说："我现在打了败仗，无路可逃，大丈夫以信义为重，将军深明《春秋》，希望看在往日的情分上放我一马。"关羽想起当初曹操真诚地对待他的往事，不忍心杀掉他，于是放行。就这样，曹操逃回了大营，而关羽"义释曹操"的故事流传至今。

立志之道

人们常说"义气千秋"，意思是浩然正气千万年都不会改变，正如文中所说的"意气精神，不可磨灭"。古人的言行在历经千载后，依然教诲、鞭策世人，这便是精神的力量。肉身不过百年便会消逝，意志和精神却能凭借其绵绵不绝的力量万古长存。

勿让壮志消磨在声色犬马中

原文

英雄未转之雄图,假糟丘为霸业;风流不尽之余韵,托花谷为深山。

——《小窗幽记》

译文

英雄豪杰尚未实现宏图大志,就让自己沉浸在酒色之中而忘记了霸业。风流才子的才华得不到施展,于是在声色中流连忘返,消磨了斗志。

典故趣读

帝辛,他的本名叫作受德,帝号为辛王,在后世,人们称他为商纣王,他是商朝的最后一个皇帝,把沫邑作为都城,并把都城的名字改成了朝歌。帝乙本来应该把皇位传给大儿子子启的,但是帝乙认为子启生性残暴,没有资格当皇帝,所以把皇位传给了小儿子辛。

帝辛从小就聪敏过人。《荀子·非相篇》里面形容帝辛"长巨姣美,天下之杰也;筋力越劲,百人之敌也",在《史记·殷本纪》也有类似的记载:"帝纣资辨捷疾,闻见甚敏,材力过人,手格猛兽。"

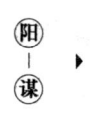

说的就是帝辛才智过人，身材修长，容貌出众，并且力大无穷，勇猛无比。

帝辛当上皇帝后，经常接受辅佐大臣们的教育，深入了解了祖辈们立下的赫赫功业，熟读了历史上那些名臣贤相的诤言警语，下定决心励精图治，达到振兴国家、将祖辈的基业发扬光大的目的。他非常重视农桑，渐渐地，商朝的国力变得异常强盛。

面对着国内一派繁荣的景象，他没有故步自封，他把眼光放向了国外，他将东夷作为了攻打的目标。在帝辛登基第八年的时候，他决定亲自带领将士出征，打算彻底征服东夷人。当时正值金秋九月，朝歌城内，柿子树的叶子都变红了。正值壮年的纣王穿着盔甲，英姿飒爽，在所有大臣们的簇拥下，举行了隆重盛大的告庙典礼。随后在练兵的校场举行了祭旗仪式，正式向东夷出征了。

在帝辛的带领下，东征大军很快就出了淇水关，跨过了滔滔不息的淇水，又通过了滚滚北流的大河，朝着大道前进。在黎邑和各地诸侯派来的军队会合之后，帝辛率领着东征大军冲向了前线战场。在这一战中，东征大军作战勇猛，取得了巨大的胜利。

自此，东征大军所经过的地方，东夷的军队都被打得到处逃跑，闻风丧胆，不敢正面一战。这一场战争的胜利，帝辛最终彻底击垮了东夷向中原地带扩张的野心。尤其是他讨伐徐夷取得的胜利，把当时商朝的领土范围扩大到了现在的山东、安徽、江苏、浙江、福建沿海一带。

帝辛对东夷发动的战争，不仅扩大了领土势力范围，更很好地保卫了商朝的国家安全，堪称帝王中的豪杰。帝辛在统一了东南地区后，将当时中原先进的生产技术和文化向东南地区传播，大力推进社会进步和经济发展，极大地促进了各部族的融合，对后世的发展起到了不可磨灭的作用。正如郭沫若在一首诗里说的那样："但缘东夷已克服，殷人南下集江湖。南方因之渐开化，国焉有宋荆与舒。"

他并不看重出身，只根据能力的高低来选拔人才。即使是他自己选择皇后、妃子，也不管出身贵贱。也正是因为这样，他将一个战俘立为了皇后，并对她十分宠爱，对她说的话都很听从。这个女子就是妲己，从此，也拉开了帝辛变为商纣王的序幕。

在帝辛在位的后期，他渐渐地忘记了最初时的理想，被美酒佳人消磨了意志。他宠爱美女妲己，终日沉浸在歌舞升平的快乐里。为了寻欢作乐，他执意建造了鹿台，甚至造了一个装满美酒的大池子，在树上挂满了肉作为林子，过着穷奢极欲的生活，这就是有名的"酒池肉林"。

他大肆搜刮民脂民膏，粮食装满了巨桥的仓库，无数珍宝堆满了鹿台。再加上连续多年不断地进行征战，国内的兵力变得严重不足，国库也慢慢变得空虚了。老百姓的日子过得越来越艰难，怨声载道。纣王却采纳妲己的建议，用酷刑来镇压人心。

在朝堂上，帝辛变得刚愎自用，听信谗言，不肯听取大臣们的劝谏，甚至大肆残害贤良。他重用贪财好利、善于溜须拍马的费仲，提拔善于挑拨离间的恶来，反而用挖心酷刑杀害了他的皇叔比干，囚禁了他的皇叔箕子，贬斥了受人们拥护的贤人商容，渐渐地失去了人心。

在前1046年，周武王联合了其他的小国在孟津集合所有的军队，对商朝发起了进攻,在牧野之战中,一举歼灭商朝大部分军队。最终,兵临城下,帝辛在鹿台上自焚身亡。商朝正式退出了历史舞台。

立志之道

壮志最易在声色犬马中被消磨殆尽,多少才子豪杰没能过得酒色关。"人能克己身无患,事不欺心睡自安",潜心发展,克制自己的欲望才是正途。

道义路上无炎凉,只有勇往直前

原文

隐逸林中无荣辱,道义路上无炎凉。

——《菜根谭》

译文

隐居山林的生活中,无荣华或耻辱可言。既然选择了道义之路,便也没有人情冷暖。

典故趣读

春秋前期,卫庄公有三个儿子:长子姬完、次子姬晋、三子州吁。其中州吁最受卫庄公的宠爱,养成了无法无天的暴戾性格,成为首都朝歌一大害。卫国的老臣石碏为人正直不屈,体恤百姓疾苦,多次劝卫庄公严加管束州吁。怎奈卫庄公不听,州吁则继续为非作歹,愈演愈烈。

石碏有个儿子名叫石厚,经常与州吁厮混在一起,石碏大为光火,用鞭子连打了他五十下,还将房门锁上,石厚却翻窗而逃,离家出走住在州吁府内，每天都跟州吁胡作非为，祸害百姓。

卫庄公死后，长子姬完继位，称卫桓公。石碏见新君懦弱无为，便回到故里不再参政，而州吁更加横行霸道了。

前719年，州吁听取石厚的计策，将卫桓公害死，成为卫国新国君。州吁、石厚为了立威于国人和邻国，便贿赂鲁、陈、蔡、宋等国，并派出大军去攻打郑国，劳民伤财。朝歌有民谣云："一雄毙，一雄兴，歌舞变刀兵，何时见太平？"

州吁见自己不得民心，非常担忧。石厚又出主意让州吁请自己的父亲石碏重回朝廷，州吁便派人带着厚礼前去请石碏。石碏却拒收礼物，还以重病在身为由回绝了邀请。石厚只好亲自回家去请父亲。

石碏早就想为民除害，杀了这个逆子，就对石厚说："新主即位，能见到周王，国人才会对新主顺服。陈国的国君陈桓公深得周王信赖，你应该和新主一道去陈国，请陈桓公为你们引见。"

石厚十分高兴，便和州吁备下厚礼，准备前往陈国。石碏则割破手指，写下血书一封，派人送到陈国。血书中写道："现在，我们卫国的百姓全生活在水深火热中，皆是州吁所为，但我逆子石厚助纣为虐。此二逆不可不诛，否则百姓民不聊生。我年事已高力不从心，二贼已赶往贵国，望贵国能助卫国除此大害，还百姓天下太平！"

陈国大夫子针与石碏是至交，看见血书后，奏明陈桓公。陈桓公命人将州吁、石厚捉住，准备斩杀此二人。有人奏道："石厚是石碏亲生儿子，应该慎重行事，让卫国亲自处理。"

石碏得知州吁和石厚已经被捉，便派人去邢国把姬晋接回来即位，史称卫宣公，又请众位大臣议事。众臣都说："州吁首恶应杀，石厚从犯可免。"

石碏说:"州吁作恶,都是我的不肖子石厚教唆,如果从轻发落他,就是我徇私情而置大义于不顾。"

石碏的家臣獳羊肩说:"国老不必发怒,我现在就去陈国办理此事。"

于是,獳羊肩便赶到陈国要处死石厚。石厚说:"我确实该死,请让我回卫国见父亲一面再死。"獳羊肩说:"我是奉你父亲的命令诛杀逆子,待我将你人头带回,自然就见到了。"然后便杀了石厚。

石碏选择大道,大义灭亲,被人们传颂至今。

立志之道

当我们无心追逐名利时,名利荣辱便不会成为我们的烦恼。选择了道义之路,就等于选择了世界上最难走的路,不再畏惧权势,也不再被人情冷暖左右,只有勇往直前。

志不可不高，心不可太大

原文

志不可不高，志不高，则同流合污，无足有为矣；心不可太大，心太大，则舍近图远，难期有成矣。

——《围炉夜话》

译文

人的志气不能不高，如果不高就会容易被周围的环境左右，最终一事无成。但人的野心也不能太大，否则将逐渐脱离现实，最终同样难有作为。

典故趣读

西楚霸王项羽少年时期，楚国被强秦攻灭，国破家亡，祖父项燕也以身殉国。国耻家仇激励着项羽要奋进有为，匡复社稷。可是他祖父健在的时候，却常常忧虑他在学习方面的态度。祖父先后教他骑射、击剑，他都是半途而废，并扬言要学"万人敌"。祖父便教他研习兵法，谁知他又是半途而废。

项羽在学习上一知半解，心气却很高。他追随叔父项梁观望秦始皇的巡游，便大声道"彼可取而代之也"，丝毫不惧怕秦始皇的威严。项羽长大后，各地反秦运动风起云涌，他也参与其中，在巨鹿一战破釜沉舟，一举歼灭秦朝主力军，生擒秦将王离，并斩杀苏角，为秦朝敲响了灭亡的丧钟。

项羽在灭秦过程中贡献巨大，决心一统天下，不甘心只做西楚霸王。他与对手刘邦展开了长达五年的楚汉之争。因少年时的不踏实埋下了祸根，身为统帅的项羽无比勇猛、野心勃勃，却缺乏用兵与管理人才的韬略，在垓下一战，被实力和能力远不及自己的刘邦击败。项羽战败后十分羞愧，自觉无颜面见家乡父老，最后拔剑自尽。

立志之道

志大才疏和眼高手低，都是成就大事业的最致命的障碍。成功虽然需要有理想的动力支撑，却也要与实际相符合，有秩序地、稳扎稳打地实现自己的理想和抱负，而不可不管能力够不够，就去惦记不属于自己的地位和荣耀。

不鸣则已，一鸣惊人

原文

看书须放开眼孔，做人要立定脚跟。

——《围炉夜话》

译文

读书时一定要把眼界放宽一些，做人则要坚持原则和立场。

典故趣读

东汉时期，有一个非常了不起的人物叫陈蕃。其祖父曾任河东太守，不过到了陈蕃这一辈，家道中落，不再威显乡里。

陈蕃15岁时，曾经独处一个庭院习读诗书。一天，其父的一位老朋友薛勤来看他，看到院里杂草丛生、秽物满地，就对陈蕃说："孺子何不洒扫以待宾客？"陈蕃当即回答："大丈夫处世，当扫除天下，安事一室乎！"这回答让薛勤暗自吃惊，知道此人虽年少却胸怀大志。感悟之余，劝道："一屋不扫，何以扫天下？"以激励他从小事、从身边事做起。没想到，千年以前的两句对话，竟成了后人教子育人的名言。陈蕃谨记在心，最终成为青史留名的人物。

陈蕃20岁刚出头时以举孝廉入仕，拜为郎中。不久，其母病故，陈弃官守孝。3年后，刺史周景任命他为别驾从事，他却因与周景政见不合，又弃官而去。这之后，公府也曾举荐其为方正，率直的陈蕃再次推掉。一直到太尉李固举荐，陈蕃这才离家为官，征拜议郎，再迁为乐安太守。汉朝重臣李膺到青州做刺史。李膺威名天下，青州各地平日欺民榨财的官员听到风声，吓得都弃官而逃，唯独陈蕃安然而坐，"蕃独以清绩留"。

所谓不鸣则已，一鸣惊人。陈蕃的一鸣惊人，源于他的一次"犯上作乱"。虽然他为此也付出了沉重的代价，却赢得了一个"不畏强权陈仲举"的美名。

陈蕃在乐安任太守时，正值东汉外戚、宦官专权之时。有一次，汉顺帝之妻梁皇后的哥哥、时任大将军的梁冀写了一封信给陈蕃，让陈蕃为他做一件事。作为一名地方官员，能攀上像梁冀这样的高官无疑能青云直上，乃为官者梦寐以求的事，但陈蕃却不以为然。梁冀的信使来找陈蕃，陈蕃拒而不见，信使便假传大将军求见。陈蕃一怒之下，揍了信使。这种做法当然让一贯飞扬跋扈的梁冀勃然大怒。他在皇帝面前一番"声讨"，陈蕃便被贬到修武县做了一名县令。

幸运的是，由于陈蕃在任时政绩显著，没过多久，汉顺帝再次起用陈蕃，拜尚书，灵帝时官至太傅。

立志之道

陈蕃从小胸怀大志,在听从"一屋不扫,何以扫天下"的告诫后,明白了只有从小事做起,积累经验和技能,才能取得更大的成就。长大后,他持守内心,终于一鸣惊人。在现代社会,我们也应该像陈蕃一样,胸怀大志,坚定信念。如此,何愁没有用武之地。

人不患贫，只要贫而有志

原文

士既知学，还恐学而无恒；人不患贫，只要贫而有志。

——《围炉夜话》

译文

有志之士懂得要学习，只怕没有持之以恒的长久性；人并不忧虑贫困，只要有志向，就能改变现状。

典故趣读

北宋时，游民子弟侯蒙年近而立，却仍旧一事无成，家中经济拮据。加上侯蒙相貌丑陋，常常被人们视为取笑的对象。有一次，几个孩子将侯蒙的画像画在风筝上，嘲弄和羞辱，侯蒙看到哈哈大笑，眼见着自己的画像飞往高空，猛然生起了奋发有为的念头。他写下了《临江仙》一词，抒发出"几人平地上，看我碧霄中"的豪情壮志，从此奋发学习，持之以恒，在科举考试中金榜题名，最后官拜尚书。

南朝梁时期曾有一个叫明宾山的穷苦人家子弟，为了照顾卧病在床的老母不得已卖掉家中仅有的黄牛。就在寻找到买主可以获得一笔不菲的收入的时候，明宾山忽然想到这头老牛患有重病，于是不顾一切说出了真相，将谈好的卖价减掉了一半。明宾山没能把牛卖到一个理想的价钱，但他以对诚信的恪守赢得了大家的有口皆碑，他的行为依然值得后人尊敬。

立志之道

在贫贱中奋发有为，最终成就大器的人，也往往是其他人望尘莫及的。但是要想取得这种成果，付出的精力和艰辛也必然要比其他人更多，其中耐心是最不可或缺的品质。

志不立，天下无可成之事

原文

志不立，天下无可成之事，虽百工技艺，未有不本于志者。

——《教条示龙场诸生》

译文

人生没有志向，天下就没有可成功的事，即使是各种工匠技艺，也都是依靠志向才能学成的。

典故趣读

苏东坡小时候非常聪明，他读了很多书，储备大量知识，学识明显比别的小朋友高出一筹。周围人都夸他聪明，苏东坡便有点飘飘然了。

有一天，苏东坡读完一本书，心生豪迈之情，便写了一副对联："识遍天下字，读尽人间书。"这副对联的内容确实够狂傲的，别说苏东坡小小年龄，如何识得尽天下字，读得完天下书；就是一个老翁，穷其一生，也不能读完天下所有的书籍。

对联刚贴出去不久,就有一位老人找上门来。他拿着一本书,对苏东坡说:"你说你读遍了天下的书籍,想必什么书都能看懂,现在请你看看这本书。"苏东坡心想一本书有什么难的,就接过了老人手里的书。可是,苏东坡看了几页之后,就面露难色了。原来,这是一本古书,里面的许多文章都是苏东坡没看过的,也有一些生僻字是他不认识的。

苏东坡面红耳赤,抬起头来非常诚恳地对老人说:"老人家,谢谢你,我明白您的用意了。"然后他揭下了门上的对联,添了几个字,就改成了:发奋识遍天下字,立志读尽人间书。老人见了,点点头,满意地笑了。

从此,苏东坡改变了自己的学习态度,勤奋读书,最终成为中国历史上著名的文人。苏东坡的一生,在诗词和书法上,都取得了非常高的成就:其文,洋洋洒洒,名列"唐宋八大家"之一;其词,开宋代豪放一派,与辛弃疾并称"苏辛";其书法,行楷自如,号称"宋四家"之一。

苏东坡小小年纪,只不过多读了几本书而已,就敢自称识遍天下字、读尽人间书,如此狂傲的心态,持续下去,肯定对他日后的成就产生不好的影响。幸运的是,当他走向弯路的时候,那位老人给了他有力的提醒。苏东坡也不负所望,改变了自己的错误心态,立下了正确的志向,从此,他走上了人生的康庄大道。

苏东坡立志的故事,给了我们很好的启发。人生要树立正确的志向,有了志向才会知道自己的不足,知道自己的不足才会有前进的动力;同时,有了志向,人的意志就会坚定,做事情才能够持之以恒,经得住磨砺。没有志向，就像少年苏东坡一样，有一点成绩就沾沾自喜，骄傲自满，不知道自己的斤两，这样就会停下前进的步伐，人生自然也不会取得大成就。

立志之道

人人都有成功的可能，但是如果没有志向的话，就很有可能忘却自己的本心，不思进取，嬉戏享乐，最终一事无成。而有了切实可行的志向，人就会千方百计地寻找成功的方法，努力向目标靠拢。

说剑谈兵,今生恨少封侯骨

原文

说剑谈兵,今生恨少封侯骨;登高对酒,此日休吟烈士歌。

——《小窗幽记》

译文

谈论兵器,论说兵法,这辈子最大的遗憾就是没有生得一副封侯称霸的骨相;登上高处举杯畅饮,从今天开始再也不吟诵豪杰诗歌了。

典故趣读

汉代的李广是个很有传奇色彩的将军,唐人王昌龄曾写诗赞李广:"但使龙城飞将在,不教胡马度阴山。"

就是这样一个名将,在战争连年的汉武帝时代,却一直没有封侯,令后人常叹"李广难封"。有说法是因为李广军功不够。李广在文帝、景帝两朝对匈奴的战争中主要担任防守工作,汉武帝时期,虽曾参加5次主动出击的战争,却以3次未遇敌、2次全军覆没告终。虽经70余战,却未能达到封侯所需的军功。

李广在武帝时期没有取得与自身名气相符的战果，也与他自身的性格有很大关系。根据《史记》中的记载，李广自负其能，在军事行动中还要保持自身形象，导致常被敌人围困。李广还缺少大局观，任郡守之时，竟擅离职守率300名士兵去追三个射雕者。在治军方面，李广主张人人自便，文书极尽简便，致使军纪散漫。

据《史记》记载，李广最后一次出征，是漠北大战之前，以前将军身份随卫青击匈奴。卫青让李广与右将军赵食其从东路夹击匈奴，李广很不满如此安排，这样的尴尬状态下，再加上自然环境的恶劣，最终导致大军迷路，李广也失去了最后一次封侯的机会。

另一种"难封"的原因，乃是李广自己得出的。《史记·李将军列传》中记载，李广屡次不能封侯，便向相士王朔抱怨道："自从咱们抗击匈奴以来，我未尝不在其中。然而其他将领都已封侯，唯独我无所作为。难道我命中注定难以封侯？"王朔说："你想想，有没有做过什么亏心事？"李广如实说："我最后悔的，就是杀了已经投降的800人。"王朔说："杀降乃是不道义的事，这便是将军难以封侯的原因了。"

据《史记》中记载，漠北之战前，李广曾向汉武帝请战，汉武帝认为他能力不济，经过李广再三请求才勉强同意。然而，李广还是没有把握好这次机会，最终也没能封侯。

立志之道

人生的意义并不全在于功成名就、封侯拜相，要坚信"天生我材必有用"，自怨自艾前先做好自己，做好迎接一切的准备。

大丈夫处世，论是非，不论祸福

原文

大丈夫处事，论是非，不论祸福；士君子立言，贵平正，尤贵精详。

——《围炉夜话》

译文

大丈夫在处理事情的时候，讲究是非曲直，而不问结果给自己带来的是福是祸；士君子在著书立说的时候，重视言论的公道正直，更加重视精要详尽。

典故趣读

东汉时，杨震调任东莱太守，上任途中经过昌邑。昌邑县令王密是杨震担任荆州刺史时举荐的官员。夜里，王密前去拜会杨震，他从怀中掏出黄金要献给杨震。杨震说："我了解你的为人，你却不了解我的为人，这怎么可以呢？"可是王密还坚持说："深更半夜，这事是没有人知道的。"杨震说："天知，地知，我知，你知！你怎么可以说没有人知道呢？"王密顿时满脸通红，羞愧地带着黄金离开了。

被鲁迅称为"史家之绝唱，无韵之离骚"的《史记》可谓最为平正精详的历史著作，其内容"辨而不华，质而不俚，其文直，其事核，不虚美，不隐恶"，为历代文人和史学家推崇至极，主要的原因就在于其作者司马迁是一个能用客观态度去对待历史的人。无论是前朝的成王败寇，还是当政的天子王公，他都能用公平正直的笔锋去刻画，最终使《史记》成为一部平正详尽的千秋著作。

立志之道

在利益和权势面前均能矢志不移，勇于面对是非、敢于说出真话，这样的人才是真豪杰、大丈夫。

律己

你有多自律，就有多自由

聪明者戒太察，刚强者戒太暴，温良者戒无断。律己者，能慎独，能改过，坚持原则，洁身自好，行得端、走得正。如此一来，别人对律己者就无计可施。如果不能严格律己，在为人处世上就容易漏洞百出，不需别人出手，恐怕就自取灭亡了。

治人者必先自治

原文

治人者必先自治,责人者必先自责,成人者必先自成。

——《钱公良测语》

译文

要想管好别人一定要先管好自己,要想批评别人的缺点一定要找出自己的不足,要想帮助别人成事一定要自己先做成事。

典故趣读

在三国时期,蜀汉军中有一位名叫马谡的将领,因其善于言辞而闻名。然而,刘备却警告诸葛亮,此人虽口才出众,实则并无真才实学,不可重用。

诸葛亮对刘备的警告并未完全放在心上。他认为马谡的言辞虽然夸大,但其才气却是不可否认的。因此,诸葛亮常常与马谡彻夜长谈,交流兵法与策略。

建兴六年(228年),诸葛亮决定北伐曹魏,向祁山进军。得知司马懿率兵出关迎战的消息后,诸葛亮问:"谁愿领兵去守街亭?"

马谡毫不犹豫地站出来，自告奋勇地接受了任务。诸葛亮任命他为先锋，拨给他二万五千精兵，并派王平作为辅佐，一同前往街亭。

到了街亭，王平建议在五路总口下寨，但马谡却自信满满地坚持要在旁边的小山上驻军。王平提醒他，在山上驻军容易被敌人包围，但马谡却认为居高临下，势如破竹。王平又指出，小山乃是绝地，但马谡却反驳说，置之死地而后生，如果魏兵夺去汲水之道，蜀兵必将死战到底。无奈之下，王平只好分兵在山下扎寨。

然而，战争的局势并未如马谡所料。魏兵围住小山，蜀军无法下山解围，最终因断水而大乱。马谡带着残兵勉强逃脱，但蜀军失去了街亭这一重镇。

诸葛亮得知战况后，痛心疾首。他深知自己用人不当，导致街亭失守。为了承担责任，诸葛亮立即将马谡依法处决，并向后主刘禅上书请求降职三级作为惩罚。尽管后主认为胜败乃兵家常事，但诸葛亮坚持自己的决定。后主同意了诸葛亮的请求。

他虽然由一品丞相降为三品右将军，但仍尽心竭力辅佐后主刘禅，成为千古传颂的佳话。诸葛亮勇于承担责任、严于律己的精神，赢得了后世的赞誉。

律己之道

正己而后可以正物，自治而后可以治人。以身作则，率先垂范，说到做到，要求别人做的自己先做到，要求别人不做的自己带头不做，这样才能服众。

人有羞耻心，才能自省自勉

原文

知耻近乎勇。

——《中庸》

译文

一个人只有懂得羞耻，才能自省自勉，奋发图强。

典故趣读

孔子非常欣赏一个名叫颜琛的弟子，因为他非常聪明，领悟力强。颜琛对孔子也十分尊敬，常常向他请教问题。

有一天，颜琛拿着书本来找孔子，走到房门口时恰巧听到孔子与东门长老在聊天。东门长老问："我经常听到您夸赞颜琛聪明，他将来会有出息吧？"

孔子叹了口气，回答道："颜琛的确很聪明，但光靠聪明是远远不够的。他不太愿意下功夫苦读，我从未奢望他能有多大成就。"

颜琛听到这番话，脸上顿时泛红，心里五味杂陈。他转身回到宿舍，留下一张"三年后再见"的字条，然后收拾行李回家。

回到家后，颜琛一头扎进书房，开始发奋读书。他下定决心，三年后要让老师看到他的进步，证明自己并非平庸之辈。

光阴似箭，转眼就是一年。一天，颜琛的妻子告诉他有客人来访，但颜琛拒绝见客。当得知来客是孔子时，颜琛仍然没有出门相见。

第二年年底，孔子再次来访，颜琛仍然避而不见。孔子微笑着离开了。

三年期满，颜琛不等妻子开口，便问："老师来了吗？我去迎接。"然后急忙出门迎接孔子。

孔子考察了颜琛，发现颜琛的学问已经有了质的飞跃，对答如流、见解独到。颜琛说："三年前，听到您与东门长老的谈话后，我深感惭愧。我知道天赋再高，不努力也是枉然，从此开始努力读书。"

孔子哈哈大笑，坦言道："我见你聪明有志气，但也需要鞭策，所以我和东门长老才定下这个计策来激励你。"

这次经历让颜琛深刻认识到努力和坚持的重要性。他明白只有不断进取、勇往直前才能实现自己的目标。从此以后，颜琛更加勤奋学习，最终成为一名杰出的学者和思想家。

律己之道

一个有羞耻心的人，才能勇敢地面对自己的错误，战胜自我。而一个寡廉鲜耻的人，面对问题只会一味逃避、推卸责任，永远意识不到自己的错误，想让他改正就更无从谈起了。

适时审视自我，修炼一身正气

原文

矜高倨傲，无非客气，降伏得客气下，而后正气伸；情欲意识，尽属妄心，消杀得妄心尽，而后真心现。

——《菜根谭》

译文

一个人心高气傲，无非是想利用一些虚假的言行举止来装腔作势，如果能够克服自身的这种浮夸习气，那么光明正大、刚直无邪的正气就会随之显现出来。一个人的七情六欲等各种意识，都是由虚幻无常的妄想和执念所致，如果能够消除这些妄想和执念，那么人真正的本性就会显现出来。

典故趣读

夏朝时期，有一个叫有扈氏的诸侯发动叛乱，他率领精兵入侵宣战。夏禹派儿子伯启前去应战，结果伯启被打得落花流水，败下阵来。

伯启手下的勇士不甘示弱，要求继续进攻，可是伯启竟然说："不必再打了，暂时胜负已分，我的地盘大过他的，我的人马多过他的，却没能将他打败，这一定是因为我带兵无方，比起他太过逊色了。从今以后，我一定要将自己的问题改正过来，等我有了实力再战吧。"

此后，伯启开始苦学兵法，起早贪黑地钻研学习，平日均是粗茶淡饭，尽量去体恤民情，照顾黎民百姓，重用有才华的人士，尊敬品格高尚的人。

又过了一年，有扈氏得知了伯启这一年中的所作所为，不战自退。他怕的并不是伯启地盘大、民富兵强，而是伯启那一身浩然正气。

律己之道

敢于自我审视，适时调整自己，才能让居于本质内的浩然正气显现出来。拥有一颗懂得反省自我的心，强于一张四处夸耀自己的嘴。与其一味地追求蜃景的虚无，不如做一件沉淀内心、省察自我的事。

可以清新脱俗，但别标新立异

原文

能脱俗便是奇，作意尚奇者，不为奇而为异；不合污便是清，绝俗求清者，不为清而为激。

——《菜根谭》

译文

思想超越一般人又不沾世俗气的人就是奇人，可是那种刻意标新立异的人不是奇而是怪异；不同流合污就算是清高，可是为了表示自己清高就和世人断绝来往，那不是清高而是偏激。

典故趣读

魏晋时期，统治阶级内部矛盾尖锐，很多大臣一旦偏向于其中一方势力，就可能遭到另一方势力的仇视，甚至引来杀身之祸，成为政治斗争的牺牲品。

那时候，汲郡共县有一个名叫孙登的学者，他在北山之上挖了一个能够藏身的洞穴，夏草为衣，蓄发掩身，无聊的时候喜欢弹琴吟诗，自娱自乐。魏文帝听说了之后，便派嵇康前去拜访孙登，向孙登学习。嵇康一学就是三年，快要离开时的时候，他问孙登的人生目标是什么，孙登却沉默不语。告别之际，嵇康最后一次问孙登："先生，您真的没有什么话想要嘱咐我吗？"

孙登这才开口："你见过真正的火光吗？当大火燃起的时候就变成了火焰，火焰就会带来光亮，如果我们不会利用这束光，光就如同虚设，一点存在的价值都没有。只有懂得利用这束光的人，才能让光变得有价值、有意义。人生也是如此，与生俱来的才能谁都有，不过要是使用不好自己的才能，就会招来很多祸端。因此，能否保持光明，要看你选择了怎样的木炭；而人的才能就是帮助你看清一些事物本来面目的工具，最终得到本领方可称之为收获，也能找到保住性命的渠道。如今，你才华横溢，可是见识浅薄，想要脱离世俗的纷扰就很难，但愿你万事谨慎小心。才能的发挥不急于一时，急于表现优势容易树大招风，祸及己身。人活着未必总是需要别人认可自己的才能，除了让所有人看到你的才华和优势以外，人生还有很多有意义的追求。"

对于孙登的肺腑之言，嵇康并没有在意。虽然嵇康拥有超凡脱俗的节操，但是难免凸显出格格不入的一面，被司马昭以不忠之由杀害了。临终之时，嵇康想起孙登的叮嘱，悔之晚矣。

律己之道

在俗与雅，庸俗与清高的选择上，很多人赞赏清高儒雅的人。一个人如果能舍弃名利，当然值得景仰。可是假如为了提高知名度就标新立异、故作怪论，这种人实际上是俗人伪装的怪人，是沽名钓誉的小人。处于污浊俗世而心却不受沾染的人，他的品德就像莲花出淤泥而不染，会永远保持洁净。假如心存俗念却又矫揉造作跟世俗断绝，以标榜自己的清高，这是一种偏激狂妄的行为。人最难学的就是要超越自己、克制自己，可以清高，可以孤芳自赏，但不要偏激狂妄。高洁的确是一种修养，但要随环境而变通，在不改变原则的情况下，学会保护好自己的优势，在世俗的染缸中洁身自好，却不被人憎恨，才算得上真正的高洁脱俗。

坚持原则，洁身自好

原文

势利纷华，不近者为洁，近之而不染者尤洁；智械机巧，不知者为高，知之而不用者为尤高。

——《菜根谭》

译文

权利和财富使人眼花缭乱，不接近这些的人志向高洁，接近了而不受其污染者品格更为高尚；权谋和诡诈，不知道者固然高尚，知道了却不使用就更难能可贵了。

典故趣读

许衡是金末元初的著名学者，他勤奋好学，严格要求自己，因克己自律而颇有名气。

有一次，许衡外出赶路，由于天气炎热，导致他汗流浃背、口干舌燥，可是一路上却荒无人烟，无处讨水。

正在犯难时，他偶遇了几个经过此地的商人。这群人也因为没有水喝，倍感疲惫，坐在一棵大树下乘凉，研究怎么才能找到水源。就在大家议论纷纷之时，只见一个商人从不远处跑来，怀中捧着一大堆刚摘下来的梨子，他将梨子分发给大家，让所有人一起解渴。

有人问这个商人梨子的来源，他就一五一十地说了。原来，在距离他们不远处有一个梨园，这些梨子就是从那里采摘来的。其他商人听到这个消息，立刻兴奋地向梨园的方向奔去了。只有许衡留在原地，不为所动。

刚摘梨回来的商人好奇地问许衡："大家都去摘梨子了，你怎么不去，你不渴吗？"

许衡不紧不慢地反问："你认识这家梨园的主人吗？"

商人不以为然地说："摘几个梨子而已，主人若是在场，我自然会付钱给他；但是他并不在场，我吃他几个梨子也无关紧要吧？"

许衡却很严肃地告诉这个商人："如果梨园的主人不在，我们就要管好自己，守住自己的心，不去碰那些梨子，否则和偷又有什么区别呢？"

听了许衡的回答，商人取笑他读书读傻了，不会变通，而后继续去梨园摘梨子了。许衡只好摇摇头离开了这里。

许衡如此严于律己，这是他的美名得以流传至今的原因。

律己之道

不要因环境的无奈而失去自己坚持的原则，这是自我克制的至高境界。有的人遇到有利可图的事，就削尖脑袋往里钻。而在有权有势的人周围，总会有趋炎附势的人。由于都是怀着一个"贪"字有求而来，所以以利益为驱动的组合不可能有人间真情，出现"富居深山有远亲，贫在闹市无人问"，即所谓世态炎凉是不足为奇的。为了保持人格的高尚，不应为个人利益去争名逐利。还要看到，谋略是从智慧和才干中锻炼而来。假如为了自身利益就去施展阴谋诡计，反而不如那些憨厚、木讷的人显得高尚。尤其是有机会把握权力，掌握金钱，却依然保持高洁，不因权力而贪污，不因金钱而堕落，是非常可贵的，即所谓"富贵不能淫"。权势名利是现实生活中必然会遇到的，有人格、有原则的人才可能出淤泥而不染；为了保持自己的人格，才耻于机巧权谋的运用，而视权势如浮云。

不要用谎言辩解错误

原文

恶忌阴,善忌阳。故恶之显者祸浅,而隐者祸深;善之显者功小,而隐者功大。

——《菜根谭》

译文

一个人做了坏事,最使人担心的是不容易被人发觉;做好事最不宜的是自己宣扬出去。所以坏事如果能及早被发现,那灾祸就会相对小些;如果不容易被人发现,那灾祸就会更大。如果一个人做了好事而自己宣扬出去,那功劳就会变小;只有在暗中默默行善才会功德圆满。

典故趣读

鲁宗道是北宋时期的大臣,此人嗜酒如命,经常到酒店喝得烂醉如泥才肯离去。

有一天,皇上要召见鲁宗道,便差遣使者到他家中找他。不料,使者将鲁宗道的家都找遍了,还是没有找到鲁宗道的影子。后来才得知，鲁宗道又去酒家喝酒了，直到天黑才晃晃荡荡地回到了家中，可是早就错过了皇上召见他的时间，使者只好一人先行离去。

临走时，使者问鲁宗道："要是皇上问起你为何姗姗来迟，你要如何去回答呢？"

鲁宗道想都没想直接告诉使者："我会告诉皇上实话。"

使者很是不解，提醒鲁宗道："要是按你的实话去说，恐怕皇上会生气的。"

鲁宗道却很严肃地说："皇上早就知道我这个人嗜酒如命，说了实话他会原谅我，可如果我编造谎言岂不是犯了欺君之罪嘛！那可就真的罪孽深重了。"

使者见鲁宗道已经做好了决定，只好按照他说的如实转告了皇上。

等到鲁宗道酒醒入朝后，皇上质问鲁宗道为什么偏偏要去酒家喝酒，鲁宗道一边跪下谢罪，一边回答："家里来了远房亲戚，由于生活拮据，根本无法买高档的酒具，也就只好一起去酒楼了。不过去酒家喝酒的时候我没有穿官服，百姓看不出我是为官之人，也不会大失体统了。"

听他说完，皇上笑道："你一个堂堂朝中官员，跑到街市饮酒，传出去一定会被人嘲笑，因此你才会如此狡辩吧？"

皇上嘴上虽然对鲁宗道饮酒的行为不赞赏，却对鲁宗道这个人另眼相看了，他认为鲁宗道是个敢于说真话的人，也是难得的值得信赖的忠臣。

后来，在皇上的提拔之下鲁宗道一直做到了参知政事。他确实敢作敢为，非常正直。

尽管鲁宗道喝酒误事，可他敢于自省、敢于承认的态度却让后人们传扬至今。

律己之道

人非圣贤，难免犯错，有错就改，实属难得。犯错之后先反思一下错误所造成的后果，然后勇于担当这个责任，不要一错再错，铸成大错，悔之晚矣。

君子的心事，没有不可告人的

原文

君子之心事，天青日白，不可使人不知；君子之才华，玉韫珠藏，不可使人易知。

——《菜根谭》

译文

君子有高深的修养，他的心像青天白日一样光明，没有什么不可告人的事；君子的才华应像珍藏的珠宝一样，不应该轻易外显，更不应该在人前炫耀。

典故趣读

曹操旗下有一个主簿，名字叫杨修，是个才华出众的人，可最终却被曹操杀掉了，原因就是他过于彰显了自己的才华和能力。

杨修曾监督主持建造过丞相府的大门，而当曹操经过那里时，在这个大门上方题了一个"活"字便离开了。杨修聪明过人，马上就领悟了曹操的意图，他是嫌这个大门建造得太过奢华了，于是杨修命人拆掉重建了一个。

还有一次，杨修与曹操共同观看曹娥碑，见到碑上刻有八个这样的字："黄绢幼妇，外孙齑臼。"还没等曹操加以评论，杨修就先开了口，称赞这几个字恰到好处，还逐字给曹操解译了一遍。就这样类似的事情屡屡发生，渐渐地，曹操察觉杨修这个人的才华要远远高过自己，心生了妒忌之情，除掉他的念头也萌生了。

曹操自封为魏王之后，亲自引兵与蜀军作战，战事失利，进退不得。是进是退，当时曹操心中犹豫不决。一日，厨子呈进鸡汤，曹操看见碗中有鸡肋，因而有感于怀，觉得眼下的战事，有如碗中之鸡肋——"食之无肉，弃之可惜"。他正沉吟间，夏侯惇入帐内禀请夜间号令。曹操随口说："鸡肋！鸡肋！"夏侯惇传令众官，都称"鸡肋"。

杨修见传"鸡肋"二字便叫随行军士，各自收拾行装，准备归程。有人报知夏侯惇。夏侯惇大惊失色，立即请杨修到帐中问他："为什么叫人收拾行装？"杨修说："从今夜的号令，便知道魏王很快就要退兵回去了。"夏侯惇又问："你怎么知道？"杨修笑道："鸡肋者，吃着没有肉，丢了又觉得可惜。魏王的意思是现在进不能胜，退又害怕人笑话，在此没有好处，不如早归，明天魏王一定会下令班师的。所以先收拾行装免得临行慌乱。"夏侯惇说："您可算魏王肚里的蛔虫，知道魏王的心思啊！"他不但没有责怪杨修，反而也命令军士收拾行装。于是寨中各位将领，无不准备归计。

当夜曹操见夏侯惇寨内军士，各自准备行装，便召夏侯惇入帐。夏侯惇说："主簿杨修已经知道大王想回归的意思。"曹操叫来杨修问他怎么知道，杨修就以鸡肋的含意对答。曹操一听大怒，说："你怎敢造谣乱我军心！"不由分说，叫来刀斧手将杨修推出去斩了，把首级悬在辕门外。

杨修确实够聪明，聪明得能看透别人看不到的很多东西，能猜透别人猜不透的许多事情。然而，他又太愚蠢了，愚蠢得不知如何保护自己。他到死都不明白，正是过分外露的聪明使他成了刀下鬼。他的聪明固然使他招人喜欢，招人赞赏，但他滥用自己的小聪明，动不动就表现出来，终究是会被人嫉妒的。

自恃聪明，又喜欢卖弄，而且执迷不悟，最后成为荒丘野鬼的汉末杨修，也算聪明反被聪明误的突出典型。因此，聪明也要讲究方法，聪明过了头也就算不上聪明了。

律己之道

胸怀坦荡是做人的原则之一，"才华须藏"则是处世的原则之一。在一个公平、安定的社会中，人们能够以诚待人，建立和谐的人际关系，形成安定的社会局面，使每个人都有机会发挥才华。而在一个充满猜忌的环境中，就必须牢记因才招忌的教训。历史上权臣、小人谋害才干比自己高的人，此类例子不胜枚举。在这种情况之下就要暂时明哲保身，韬光韫玉。这不是说就此永远消极颓废，而是等待时机来临。所谓"邦无道则隐，邦有道则现"，有时隐藏自己也是一种竞争的方式。同时，"玉韫珠藏"更是一种深思熟虑，不轻言浮议，追求一鸣则惊人的做法。

不要攻击他人的不足

原文

人之短处,要曲为弥缝,如暴而扬之,是以短攻短;人有顽固,要善为化诲,如忿而疾之,是以顽济顽。

——《菜根谭》

译文

别人有缺点过失,要婉转地为他掩饰或规劝他,假如去揭发传播,是在证明自己的无知和缺德,是用自己的短处来攻击别人的短处;发现某人个性比较愚蠢固执时,就要很有耐心地诱导启发,假如生气厌恶,不仅无法改变他的固执,同时也证明了自己的愚蠢固执,就像是用愚蠢救助愚蠢。

典故趣读

春秋末期,齐王派晏子出使楚国,按理说齐国和楚国都是当时的大国,理应平等对待。可楚王偏偏要仗势欺人,以为自己的国家强势,就要羞辱晏子,以此来杀齐国的威风,显示楚国的强大。

楚王听说晏子身材偏瘦弱矮小，就差人在城门旁凿开了一个大约五尺高的洞。晏子到来的时候楚王便叫人把城门关上了，让晏子通过新凿开的那个洞进城。晏子见状说道："这个洞是给狗走的，除非我访问的国家是狗国，否则我是不会从狗洞进去的，你们再去通报一声吧，看看你们的国家到底是什么国。"过了一会儿，接待的人只好传楚王旨意，打开城门，让晏子从城门大大方方地走了进去。

晏子见到楚王后，楚王先是用鄙视的眼神上下打量了一下晏子，然后说道："齐国是不是没有人了？为什么会派你来呢？"

晏子答道："我们齐国四处是人，甩一把汗就是一场雨，抖抖袖子就是一片云，怎么能说没有人呢？要问为什么派我来了，只是因为我们的齐王要看我们拜访的是什么等级的国家，上等的国家派上等的使臣，下等的国家就派下等的使臣。我是使臣中最无能的一个，自然就会被派到你们这儿了！"说完就开怀而笑了，楚王也只好尴尬地随之以笑脸敷衍过去。

在邀请晏子就席的时候，楚王事先安排两个士兵将一个犯人带了上来。楚王特意询问犯人是哪里人，犯了什么罪，士兵告诉楚王，这个人犯了盗窃罪，来自齐国。楚王喜笑颜开地用嘲讽的语气对晏子说："看看你们齐国人，多么的没有出息，竟然干出这样有失颜面的事情来！"楚国的大臣们听了楚王的话，哄然大笑了起来。楚王原本以为这次晏子肯定颜面扫地，尊严全无，算是让齐国的面子丢尽了。不料晏子说道："一方水土养一方人，这个人在齐国的时候就安守本分，勤劳做工，到了楚国却干出这样的事情来，只能说明是楚国水土的问题吧！"

楚王听了晏子的回答，只好羞愧地向晏子赔了不是。楚王本想通过取笑晏子，间接打击齐国，没想到未能得逞，反被晏子取笑了，让楚国丢了颜面。

律己之道
想要攻击别人的缺点，先要看看自己存在哪些问题。交朋友更是如此，想要长久地往来，先要肯定别人的优点，而不是拿别人的缺点去取笑，反而让自己无地自容、自讨没趣。

做事情要守住原则

原文

人常以事后之悔悟,破临事之痴迷,则性定而动无不止。

——《菜根谭》

译文

假如人们常用事后的悔悟,来作为另一件事情开端的判断参考,就可以消除一切错误而恢复聪明的本性,做事就算有了原则,一切行为自然都会合乎义理。

典故趣读

汉代光武帝时期,光武帝的姐姐湖阳公主依仗着自己有一个皇帝弟弟就肆无忌惮,胡作非为,不把王法放在眼里,就连她的奴仆也仗着有主人撑腰肆意横行。

一次,湖阳公主的家奴仗势欺人,杀了人,畏罪躲藏在公主府中不敢出来。这件事情交给了当时的洛阳县令董宣处理。董宣为人正直,在律法面前不讲情面,尽管他没有资格去公主府中搜查,但是他还是派出了精兵在公主府的门口盯着，等待着这个奴仆出来。

这天，湖阳公主外出，跟随她的正好是那个触犯了律法的家奴。董宣得知消息后，便带着官兵赶来拦住了湖阳公主的马车。

湖阳公主大怒，训斥董宣胆大包天，连她的马车都敢拦截，看来是不想活了。董宣却不以为然，毫不怯懦，反过来责备公主，不该包庇这个杀人触犯法律的家奴，并且不顾湖阳公主的阻拦，直接将这个家奴就地正法了。

湖阳公主内心的怒火实在难消，立刻进宫向光武帝一顿告状，说董宣不把自己放在眼里。光武帝听后十分愤怒，吩咐人立刻让董宣进宫，要当着湖阳公主的面责打董宣，以此来平复湖阳公主的怒气。

董宣赶来后，见到这样的局面，先是请求光武帝让自己把话说完，光武帝准了。董宣说："陛下是一个大家公认的中兴的皇帝，一直以来注重律法，如果皇帝纵容公主的家奴犯错，那么以后还怎么治理国家呢？要是维护国家的律法也有错的话，那我就只有以死谢罪，以告天下了。"

话音刚落，董宣便冲向了大殿中的柱子，光武帝马上让人拦住他。可是当内侍拦住他的时候，他已经撞得头破血流了。

光武帝自己没有占理，但是又不想让湖阳公主没有面子，就让董宣向公主磕头谢罪，董宣宁死不屈，内侍上前用手按住董宣的脖子让他磕头，可是按下去他又抬起来。内侍只好告诉皇帝，他的脖子太硬按不下去。光武帝无奈，让人将董宣轰出了大殿。

湖阳公主见皇帝放走了董宣，难以消气，就讽刺光武帝没有君威。光武帝告诉湖阳公主，正因为自己是皇帝，就不能像平民一样随心所欲，况且董宣确实没有什么过错。湖阳公主无可奈何，只能就此罢休了。

律己之道

坚守原则，不因各种势力而改变，是一种道德的修行。要达到遇事不慌、临危不惧，行而不贪、做而不过的水平，不是一朝一夕可成的，需要经过一个磨炼过程，才会建立和掌握一套方法。这就有必要先正心去痴，先打破愚痴和迷惘的执着。唯有这样才能稳定住本性。性定先要心定，行正先要心正。这样，对事物就不会只看到好的一面而忽略坏的一面，使我们随时保持清醒的头脑，用正确的方法做事情。

人人慎独，就能避免世风日下

原文

君子戒慎乎其所不睹，恐惧乎其所不闻。莫见乎隐，莫显乎微，故君子慎其独也。

——《中庸》

译文

君子在别人看不见的地方要谨慎小心，在别人听不到的时候要警惕注意。即使行为非常隐蔽也不可能一直隐藏下去，即使非常微小的东西也不可能永远不显露出来，所以君子在独处之时要严守本分、谨言慎行。

典故趣读

蘧伯玉，名瑗，字伯玉，他是卫灵公时著名的贤大夫，道德和操行都出类拔萃。

一天晚上，卫灵公和夫人夜坐，听到车声辚辚，由远及近，到宫门而止（按古礼，臣下乘车经过宫门时，应下车步行并减慢车速），过了宫门车声又响了起来。卫灵公问夫人："不知道是谁经过？"夫

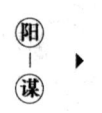

人答道："可能是蘧伯玉。"卫灵公问："你怎么知道是他？"夫人回答说："蘧伯玉是卫国的贤大夫，此人仁而有智，对上恭敬，他必定不会因为暗中无人而废礼，所以我料定是他。"卫灵公出外叫人去打听，果然是蘧伯玉。但卫灵公回到屋里却瞒着夫人说："偏偏不是蘧伯玉。"夫人一听，向卫灵公表示祝贺。卫灵公莫名其妙，便问夫人道："夫人为什么要向我祝贺啊？"夫人答道："我原以为卫国只有一个蘧伯玉，现在却又多了一个和他一样的人，国多贤臣，国之幸也。所以我要向您表示祝贺。"卫灵公叹道："妙极！"于是，卫灵公将实话告诉了妻子。

由此可以看出，蘧伯玉不因无人在侧就放松对自己的要求，做到了"慎独"，而卫灵公的夫人通过这件小事表现出她懂得识人又深明大义。所以做人识人要善于从细节入手，于细微处见真精神。

律己之道

"明枪易躲，暗箭难防"，世人皆怕无恶不作之人，更怕道貌岸然之人，因为后一种人表面上诸善皆行，背地里却尽干些蝇营狗苟之事。如果人人能做到慎独，或者人人往这个方向努力，就可以避免世风日下的风险。

律己足以服人,量宽足以得人

原文

轻财足以聚人,律己足以服人,量宽足以得人,身先足以率人。

——《小窗幽记》

译文

看轻钱财,可以使人凝聚在一起;以身作则,可以使人信服;气量宽大,可以得人心;身先士卒,可以一呼百应。

典故趣读

战国时期,赵国有一大臣名叫蔺相如,他屡屡立功,被赵王封为上卿,职位比将军廉颇还要高。

廉颇心中不服,常对别人说:"想我廉颇多年征战,屡立战功,而他蔺相如何德何能,不过徒有一张能说会道的嘴罢了,反而爬到了我头上。要是叫我遇见他,别怪我让他难堪!"蔺相如知道了这些,为避免见面发生冲突,就请病假不上朝。

有一天,蔺相如乘车外出,远远见廉颇骑着高大的骏马从对面过来了，他急忙让车夫把车赶回去。蔺相如手下的人不服气，都说他见了廉颇就像老鼠见了猫，蔺相如则平静地说："诸位想想看，廉将军比之秦王，谁厉害？"众人都说："当然是秦王厉害！"蔺相如说："我连秦王都不怕，会怕廉将军吗？秦王不敢进犯我们赵国，正是因为武有廉颇，文有蔺相如。如果我与他针锋相对，就会削弱国家的力量，秦国必然会乘虚而入。我之所以屡番回避，并不是因为胆小，而是为我们赵国啊！"

廉颇得知了蔺相如的这些话，平心静气地想了想，觉得自己如此行事实在不该，蔺相如却宽宏大量，处处为国家着想。于是，他脱下战袍，赤膊背着荆条，到蔺相如家门口请罪，蔺相如急忙迎出来接待他。此后，二人成了好朋友，共同保家卫国。

律己之道

轻财、律己、量宽、身先，无不从自身做起。在要求别人团结遵纪、身先士卒前，要扪心自问，自己是否起到了表率作用，是否担得起肩上的重担。一味要求别人，从不约束自己，必然会众叛亲离。

人须有为己之心，方能克己

原文

人须有为己之心，方能克己；能克己，方能成己。

——《传习录》

译文

人要有为自己着想的心，才能克制约束自己；能够克制约束自己，才能成就自己。

典故趣读

秦末天下大乱，趁此时机，早年被秦军击溃的匈奴部落复兴起来，并屡次侵犯中原地带。此时，刚夺取天下的汉朝实力是不如匈奴的，因此只能对匈奴忍耐，在白登之战战败后，汉朝一直对匈奴采取和亲政策。

十几年的和亲政策，让匈奴人的气焰变得更加嚣张。某一天，匈奴使臣觐见吕后，还带来了匈奴王的一封信。在信中匈奴王对吕后百般侮辱。吕后一向性格刚烈，岂能忍受这样的屈辱，于是她立刻召集樊哙、季布等人，商议杀了使者，然后发兵征讨匈奴。

然而谁都知道此时国力还没有恢复，根本不是匈奴的对手。因此大臣季布对吕后说："匈奴人不知礼节，听见他们说好话也不值得高兴，听见他们说坏话也不值得动怒。"

吕后自然明白季布是在劝自己不要因一时的愤怒而做出错误的决断。她本身也是一个深谙为政之道的人，之所以提议要与匈奴作战，也不过是基于一时的愤怒，此时情绪已然平复，就打消了与匈奴作战的念头。

于是吕后给匈奴王回信一封，据说信的内容是这样的："单于不忘我们这个小地方，赐下信件，我们举国上下，莫不诚惶诚恐！单于雄伟，正在盛年，老妾本应亲自前往侍奉。可惜年逾七十，色衰神弱，发齿尽脱，行步蹒跚，见单于岂不羞惭。谨献上锦帛十万匹，御用精米八十万斛，精酿宫酒百石，敬请大单于笑纳。"

吕后难道不尊重自己吗？当然不是。那既然爱自己，为何还甘愿忍受匈奴王这番侮辱呢？原因就是吕后深知如果不忍受这点侮辱，将会给自己带来更大的侮辱，所以她选择了克制；因为只有克制，才是真正地保护自己。

律己之道

克制的能力不是与生俱来的，它是一个人智慧与意志的体现，越是在经历重大磨难的时候，越是一个人表现其克制能力的时候。关键时刻，克制住了，那么人生也就走向成功了。

运筹

进可平步青云，退可安身立命

"不战而屈人之兵""攻心为上""上兵伐谋"……即使在和平年代，这些谋略也并未退出历史舞台。比如在商战中，它们依然发挥着重要作用。人生也如战场，每走一步、每做一件事都需要为自己谋划战略、拟定战术。只有让自己带着策马扬鞭、指点江山的气度去生活和奋斗，才能用自己的智慧和勇气踏出一条康庄大道。

武经

不战而屈人之兵

原文

百战百胜,非善之善者也;不战而屈人之兵,善之善者也。

——《孙子兵法》

译文

百战百胜,不算是最好的用兵策略,只有不战而使敌屈服,才算是高明中最高明的。

典故趣读

赵惠文王十九年(前280年),在乐毅破齐后,赵惠文王命赵奢为将,攻打齐的麦丘(今山东商河西北)。此前,赵军已多次进攻麦丘这个孤城,但由于麦丘粮草充足,守军中有善于守城的墨家弟子,没能攻下。赵惠文王十分生气,命令赵奢在一个月内拿下麦丘。

赵奢一到麦丘,就命令进攻。他的儿子赵括认为,采用硬攻的方法,是很难在一个月内攻下麦丘的。从种种迹象来看,麦丘的粮食尽管还没有完全吃光,但肯定是不多了。赵括希望父亲先搞清楚情况,暂停进攻，避免硬攻造成不必要的损失。但一个月的时间太短了，赵奢没有听赵括的话，下令攻城。

赵军死了不少人也没有攻下麦丘。赵括对赵奢说，守城者中有墨家弟子，很有防御办法，使赵军几年都无功而返。此次的赵军与以往的赵军没有什么不同，不比他们更善战，攻城的手段也并不比他们更多，如果还像以前的赵军一样硬攻的话，必然也要付出像以前一样的惨痛代价。而且城中的人经常在晚上出来偷袭赵军。城外也有不少墨家游侠组成的小队对赵军进行骚扰。如果继续这种情况的话，一个月的时间很快就会过去。

于是赵奢询问俘虏，向他们了解城中的情况，可是俘虏不说。赵括每天给这些俘虏饭吃，对他们很客气，还给他们粮食让他们带回城中给家里人吃。俘虏中有人悄悄地告诉赵括，城中的粮食不多，都被齐军控制，百姓早已断粮。赵括问齐军还能守多长时间，俘虏说还能守几个月。赵奢听从赵括的建议，停止进攻，把俘虏全部放了回去。

俘虏回去后，说这支赵军很客气，没有侮辱他们，还让他们吃饱，让他们带粮食回来。城里的百姓有的就想出来投降赵奢了。齐将见俘虏给城中带来了骚动，便将他们都关了起来。士兵和百姓对此都有怨言。赵奢让围城的赵军用抛石机把粮食抛入城中。赵军每天把粮食抛入城中后，就回营休息，也不向城中说什么。

这样过了几天，守城的齐军派代表把这些粮食送回来，对赵奢说赵军要战就来战，不要再抛粮食了。赵奢让他回城里等着，但并不进攻，只是隔了几天继续向城里抛粮食。又过了几天，守城的齐将派代表与赵奢商讨择日决战,但赵奢拒绝与他见面。几天后,麦丘的百姓杀了守城的齐军将领投降了。

运筹之道

时至今日,"不战而屈人之兵"的战略思想在现实生活中依然具有广泛的应用意义。我们通过独特的洞察力、信息分析能力和灵活的应变能力,可以在充满竞争关系的各个领域中实现"不战而屈人之兵"的目标。

兵不血刃，以谋取胜

原文

上兵伐谋，其次伐交，其次伐兵，其下攻城。攻城之法为不得已。

——《孙子兵法》

译文

上等的用兵策略是以谋取胜，其次是以外交手段挫敌，再次是出动军队攻敌取胜，最下策才是攻城。攻城为万不得已时才使用。

典故趣读

齐国曾是春秋战国时期第一个称霸的国家。但是，齐桓公死后，齐国就逐渐衰败了。后来，齐景公当上了国君，为了恢复齐国的往昔繁盛，任用了晏婴等一批贤臣，使齐国再度走上欣欣向荣的道路。

齐国的繁荣和强盛引起了称霸中原的晋国的不安。晋平公为了向各诸侯国显示一下自己"霸主"的威力并巩固其地位，就想征伐齐国，给齐国一点厉害看看。为了探清齐国的虚实，晋平公派大夫范昭出使齐国。

范昭到了齐国，齐景公安排了盛大宴会款待晋国使者。酒到酣处，范昭对齐景公说："请大王把酒杯借我用一下。"齐景公不知其意，便吩咐侍从："把我的酒杯斟满，为上国使者敬酒！"侍从倒满酒恭恭敬敬地送到范昭面前，范昭端起酒，一饮而尽。

晏婴把范昭的举止和神色看在眼里，大为愤怒，厉声命令斟酒的侍从："撤掉这个酒杯！给国君换一个干净的。"

范昭闻言，吃了一惊。他干脆佯作喝醉，站起身，手舞足蹈地跳起舞来，边舞还边对乐师说："请给我奏一曲成周之乐，以助酒兴！"

乐师从晏婴命令侍从撤杯的举动中看出了范昭的用意，站起来对范昭说："下臣不会奏成周之乐。"

范昭连讨没趣，借口已经喝醉，告辞回驿馆去了。

齐景公见范昭不悦而去，心中不安，责怪晏婴说："我们要跟各国友好往来，范昭是上国使者，怎么能惹怒人家呢？"

晏婴回道："范昭不过是以喝醉为名来试探我国的实力。臣这样做，正是要挫掉他的锐气，使他不敢小看我们。"

乐师也跟着说："成周之乐是供天子使用的，范昭不过是个小小使者，他也太狂妄了。"

齐景公恍然大悟。

第二天，范昭拜见齐景公，连连向齐景公道歉，说自己酒醉失礼。齐景公回了几句客套话，然后派晏婴带范昭去齐国的军营和街市上参观。

范昭回国后，对晋平公说："齐国国力不弱，君臣同心，暂时不可图谋。"

于是，晋平公灭了攻伐齐国的念头。

运筹之道

晏婴通过揭露、破坏敌人的计谋，打乱其战争计划，同时加强自己的力量，真正实现了以谋取胜。当今，如果人们只会用拳头说话，那么这个世界将会陷入混乱。尽管竞争不可避免，但我们可以用智慧战胜对手，这才是文明的象征。

深谋远虑，方能统筹全局

原文

办大事者，匪独以意气胜，盖亦其智略绝也，故负气雄行，力足以折公侯，出奇制算，事足以骇耳目。如此人者，俱千古矣。

——《小窗幽记》

译文

能够成就大事业的人，不只是靠着内心的一股豪气，同时也和他们高深的智慧分不开。一身豪气，举止勇猛，靠这些就足以让那些王公贵族欣赏了。做事能够出奇制胜，计谋没有任何失误，成就的事业令人骇然，像这样的英雄，如今已经看不到了。

典故趣读

汉高祖刘邦在中国历史上一直以豪气和用人的大智慧著称。刘邦登基那一年的五月，在洛阳开庆功宴，曾问群臣为何自己得到了天下？高起、王陵都称赞他是因为大仁大义，刘邦却说："夫运筹策帷幄之中，决胜于千里之外，吾不如子房（张良）；镇国家，抚百姓，给馈饷，不绝粮道，吾不如萧何；连百万之军，战必胜，攻必取，吾不如韩信。此三者，皆人杰也，吾能用之，此所以得天下也。"

史书上记载，早年的刘邦并没有什么本事，只是一个穷光蛋，常被父亲骂为"无赖"。当时，文武兼备的人才不计其数，为什么偏偏是一个"无赖"成就了帝业？

刘邦能做皇帝，正如他自己所说，是因为拥有超越了单方面智慧的大智慧，即关于用人的智慧，进而调动众人的力量，为自己的霸业开路。

秦朝末年，刘邦找来好友萧何、曹参、樊哙，鼓动乡民造反，组起了自己的队伍。当时刘邦已经年近五旬了，只比秦始皇小两岁。然后仅在7年后，他就登基称帝，开创了汉王朝数百年的基业。

从起兵到秦朝灭亡，仅用了3年时间。刘邦没有任何治军经验，连一个县城都攻不下，只好屡次向项梁和项羽求援。项羽则是战无不胜，巨鹿之战以3万之军大破秦军主力20万，奠定了整个反秦战争的胜局。

秦朝灭亡的第二年，楚汉之争爆发。刘邦第一次攻打项羽的都城彭城（今徐州）时，一共带了56万人马。当时项羽正在山东平定诸侯叛乱，刘邦本想趁此机会打项羽一个措手不及，也确实得手，攻占了彭城。然而，项羽很快率领3万人马杀回，把刘邦的56万人马打成一盘散沙，20万人战死。

刘邦坐着一辆板车一路西逃，项羽的部将丁公险些就抓住了他。情急之下，刘邦叫道："丁公，丁公，你我都是好人，为何要彼此为难呢？"丁公被他说动，也想给自己留条后路，就放过了刘邦。刘邦意识到，凭借自己的军事才能，根本无法与项羽抗衡。

前202年，刘邦拜韩信为大将军，并笼络了善战的彭越和英布。韩信不负所望，一鼓作气灭掉了黄河以北的所有诸侯，把楚汉之争推到了最关键的时刻。刘邦的军队打到了楚国境内，约定韩信、彭越、英布的部队在垓下合围项羽，谁知他们竟按兵不动，韩信还要求刘邦封他为王。

刘邦干脆地说："只要你们合围项羽，函谷关以东的土地我不要了，你们三个人平分。"在几路大军的围攻下，项羽自刎于乌江。

整个楚汉战争中，刘邦没有攻下过任何一座城池，没有出过任何一个好计谋，没有指挥过任何一场战争。然而在刘邦成就帝业后，就很少问东问西，统领全局的大智慧逐渐达到顶峰，杀伐决断十分果敢。

运筹之道

真正成就大事业的，往往不是某一方面的人才，而是面面俱到的"多面手"。一身豪气方能一呼百应，深谋远虑方能统筹全局。

巧于迂回，揣测对方的心理

原文

其变当也，而牧之审也。牧之不审，得情不明；得情不明，定基不审。变象比，必有反辞，以还听之。

——《鬼谷子》

译文

应变之术恰当，就能详尽考察对方。如果考察不详尽，就不能获知实情；不能获知实情，就不能确定根本。灵活运用形象和类比，使对方回应，以便观察对方的反应，这样就能推断出实情。

典故趣读

战国时代，齐国名士孟尝君因与齐王闹翻而辞去朝中职务，回到自己的封地薛。他本想好好地休养一段时间，但是出乎意料地发生了南方邻国举兵进攻薛的事情，只有向齐王求援才能解燃眉之急。但是孟尝君刚同齐王闹翻，确实不好开口。此时，奉齐王之命出使楚国的淳于髡，归途中顺便到薛地看望孟尝君。孟尝君一听到这个消息，真是喜出望外，心想："一切都要依赖他了。"

淳于髡身长约五尺，人很机灵，能言善辩，因而经常奉命完成各种任务，每次都不辱使命。他博闻强记，善于察言观色。淳于髡与齐王和孟尝君的关系都很密切。交涉此事他是最合适的人选了。

当淳于髡来到薛地时，孟尝君以礼相待，分别时亲自到郊外为其送行，并对他说："楚国人攻打薛地，希望先生回到都城后能够向齐王陈情，请求支援。否则，我可能再也没有机会在这里接待您了。"淳于髡点点头，心里在想如何救孟尝君。

淳于髡安慰孟尝君说："您放心，回到都城，我一定在君王面前为您请命。"他很快回到了齐都，立刻谒见齐王。表面上他以使者的身份向齐王复命，实际上则是为孟尝君请求援兵。齐王问道："现在楚国的情况怎么样了？"淳于髡抓住这个时机说："我感到十分困扰，楚国是如此狂妄，而孟尝君又是如此无自知之明。"淳于髡故意把话题转向了薛地，齐王不自觉地被淳于髡的话题吸引，迫不及待地问道："到底是怎么回事？"淳于髡慢条斯理地说："孟尝君不考虑自己的情况，就在薛地建立起祭奉先王的宗庙。现在楚国要进攻薛地，根本不会把祖先的庙放在眼里。孟尝君真是无自知之明，而楚也太霸道了。我所指的就是这件事情啊。"

齐王一听变了脸色，立即发兵救薛，因此薛地得以保全，孟尝君得救。齐大夫淳于髡善于劝说，借齐王的力量丝毫不露形迹，以此挽救了薛。

淳于髡试探齐王后，通过反推的思路，将齐王的祖庙正好在薛地的事情貌似不经意地说出来。齐王听到要害之处时，便会自然而然地发兵救薛地。淳于髡救薛地，正是掌握了齐王的心理，因势利导，达到了预期的目的。

运筹之道

在说服或辩驳对方时，如果直接切入主题受到阻碍，我们需要采取迂回的策略。这种策略可以让我们避开对方的锋芒，适应复杂多变的情况。虽然这种迂回的方式看似曲折漫长，但实际上它可能是达到目的的最快捷方式。它教会我们如何在困难的情况下找到突破口，并有效地传达我们的观点。因此，掌握这种技巧不仅可以帮助我们在辩论中取胜，还可以在日常生活和工作中更有效地表达和沟通。

知己知彼，百战百胜

原文

知彼知己者，百战不殆；不知彼而知己，一胜一负；不知彼不知己，每战必殆。

——《孙子兵法》

译文

了解对方也了解自己的，百战不败；不了解敌方而熟悉自己的，胜负各半；既不了解敌方，又不了解自己，每战必然失败。

典故趣读

1644年，李自成率农民起义军攻入北京，崇祯皇帝上吊自杀。李自成被胜利冲昏了头脑，认为天下已定，对部下的恣意胡为采取了听之任之的态度。

其实，天下远未平定：拥有重兵的吴三桂还在山海关，而山海关外的八旗子弟早已对明朝天下垂涎三尺——李自成对此竟毫无所知！

在李自成的纵容下，京城内刮起一股"追赃风"：在京旧官按职位高低被摊派饷银，多者十万少者几千，如有不交者，严刑拷打。"追赃风"越刮越烈，连商人、富户也不能幸免，京城内一片哭声。

镇守山海关的吴三桂本已决心投降李自成，但就在赴京途中，吴三桂得知了父亲吴襄因"追赃"受酷刑拷打奄奄一息，自己的爱妾陈圆圆已被李自成的大将刘宗敏夺走的消息。吴三桂怒不可遏，立刻返回山海关，向李自成宣战，同时派遣使者与关外摄政的多尔衮亲王取得联系，向多尔衮"借兵"。多尔衮得知明朝崇祯皇帝已死，占据北京城的是李自成的农民起义军，觉得是夺取明朝天下的"天赐良机"，立刻满口应允，调集八旗精锐，浩浩荡荡地向山海关进发。

李自成得知吴三桂反叛，亲率6万人马，以吴三桂的父亲为人质，怒气冲冲地杀向山海关，双方在山海关前展开激战。

吴三桂本不是农民军对手，在激战的关键时刻，清武英郡王阿济格和大将扈尔赫率领数万八旗子弟兵突然出现在战场上，气势汹汹地向农民军冲杀过来。李自成和他的农民军从来没见过奇装异服的八旗军队，又见其来势凶猛，一个个抛下戈矛，掉头就跑。李自成见大势已去，仓皇向北京撤退。吴三桂与八旗军队穷追不舍，李自成接连退败，被迫退出北京。从此，李自成由胜利走向了彻底的失败。

李自成的问题，显然在于"不知彼不知己"。"不知彼"，是说他对于关外的清军一无所知，对于吴三桂的重要性也估计不足；"不知己"，是说当时的关内，南方尚有南明、大西等政权并立，他却以为天下大定，放任属下胡作非为，尽失民心。在对"己""彼"都浑浑噩噩的情况下，李自成逼反了吴三桂，不仅使自己的皇位摇摇欲坠，也导致清军入关。

运筹之道

知己知彼，是中国古代兵法中的精髓，同样也适用于现代社会的各个方面。在人际交往、商业竞争、团队合作等场景中，了解自己和对方的情况，对于做出明智的决策和取得成功具有不可估量的价值。首先，了解自己的优点和不足，可以更好地发挥自己的长处，同时也能避免在不足之处失误。其次，了解对方的情况，包括对方的实力、策略、文化背景等，可以帮助我们预测对方的行动，提前做出应对，也可以更好地调整自己的策略，以达到最好的效果。最后，知己知彼，不仅仅是战术层面的考虑，更是战略层面的布局。它有助于我们在复杂多变的环境中保持清醒的头脑，做出明智的决策，从而更好地应对挑战，取得成功。

智者不说失去人心的话

原文

智者不以言失人之言,故辞不烦而心不虚,志不乱而意不邪。当其难易,而后为之谋,因自然之道以为实。

——《鬼谷子》

译文

智者不说失去人心的话,言辞简明,内心才不空虚。意志不乱,才不会误入歧途。遇事依其难易,然后策谋,而顺应客观规律则是其根本。

典故趣读

战国时,秦孝公用商鞅变法,任他做左庶长。商鞅欲行新法,立刻招致许多非议,保守势力纷纷发难。商鞅力排众议,执意变法强秦。但在制定好新法之后,他却犹豫了,原因是怕国中百姓不信,百姓如有疑虑,推行新法则难上加难。他决定在颁布新法前,先在百姓之中树立一个有令必行的形象。商鞅命人在咸阳的南门立起一个三丈直木,派官员看守,并下令说,谁能将此木搬到北门,就赏他10镒黄金。此令一出，咸阳的百姓都不太相信，竟没有一个人敢上前搬动立木。

商鞅得到回报，他说："有人敢于搬动，重赏50镒黄金。"百姓听说赏格提升，更加惊讶不已，非常怀疑。这时有一壮汉挺身而出，扛起木头，横穿都市，走向北门，百姓簇拥前往看个究竟。壮汉把木头扛到北门，果然立即得到50镒的赏钱。于是，消息不胫而走，百姓纷纷传言左庶长商君出言有信，不欺百姓，对商鞅的信任感一时大增。

知道百姓的心理变化后，商鞅认为达到了取信于民的目的，这才下令颁布新法。变法令一经公布，国中上下严肃对待，新政所及之处，都得到了坚决的贯彻执行。

运筹之道

搬一根木头，就可以得到那么多赏钱，此事很难让百姓相信；但一旦得以兑现，百姓就会由此及彼，见微知著，从而产生信任新法的效果。商鞅用一根木头取信于天下、取信于民的谋略，才智非凡，为古今政治家所重视。

以冲天气概施退敌之计

原文

进而不可御者,冲其虚也;退而不可追者,速而不可及也。故我欲战,敌虽高垒深沟,不得不与我战者,攻其所必救也;我不欲战,虽画地而守之,敌不得与我战者,乖其所之也。

——《孙子兵法》

译文

进攻而使敌人无法抵御,是因为冲击他虚弱的地方;后退而使敌人无法追到,是因为迅速得使他来不及追赶。我军想要决战,敌人尽管在高垒深沟,却不得不同我军打仗,因为是进攻他必然要救援的地方;我军不想决战,虽然画地防守,敌人也无法来同我作战,是因为把敌军引到别的方向,与他预定的进攻方向相反。

典故趣读

《三国演义》中写过这样一个故事。208年,曹操平定河北之后,大举南下,征伐荆州。刘琮自知不是曹操的对手,便率众投降。这样，曹操不费吹灰之力，即占领了襄阳。刘备因寡不敌众，只好率部退往江陵，但在长坂坡被曹军追击。双方血战一场，刘备大败，幸得张飞保护，且战且走。待到天明，见追兵渐远，刘备方敢下马歇息。这时，赵云、糜竺、简雍等均不知下落，刘备身边只剩下100多骑兵。正凄惶之间，忽见糜芳身带数箭，踉跄而来，口称"赵云投降曹操去了"。刘备不信，张飞说："他见我们势穷力尽，所以投降曹操，以便图取富贵。我现在就去找他，如果撞见，就一枪刺死他。"说完，他不听刘备劝阻，飞身上马，率20多名骑兵，回到长坂桥边。他见桥东有一大片树林，心生一计，教那20多名骑兵，砍下树枝拴在马尾上，在树林中往来奔驰，扬起尘土，作为疑兵；自己则横矛立马于桥上，向西而望。

其实，赵云并未投降曹操。撤退时，他受命保护刘备老小，却在长坂坡被曹军冲散，这才不顾死活，翻身杀入重围。经过一天血战，赵云先后救出简雍、糜竺、甘夫人和阿斗，杀死曹营多名大将，直突重围，至长坂桥边时，已经是人困马乏。他见张飞挺矛立马于桥上，便大呼："翼德援我！"张飞此时已知赵云并未背叛，便说："子龙快走，追兵有我抵挡。"赵云纵马过桥。曹军大将文聘引军至桥边。他见张飞倒竖虎须，圆睁环眼，手持蛇矛，立马桥上，又见桥东树林之后，尘土飞扬，疑有伏兵，便勒住马，不敢向前。一会儿，曹仁、李典、张辽、许褚等陆续追到，也都不敢近前，使人飞报曹操。曹操闻报，急忙上马赶来。张飞见曹军阵后青罗伞盖与旄钺旌旗渐近，知是曹操来到，大便喝道："我乃燕人张翼德，谁敢与我决一死战？"声如响雷，曹军听了，不由得个个两腿发抖。

曹操忙令去掉伞盖，回顾左右道："我以前曾听关云长说：'张飞在百万军中取上将之首，有如探囊取物。'今日相逢，切不可轻敌！"话未说完，张飞又大喝道："燕人张翼德在此，谁敢来决一死战？"曹操见张飞气概如此雄壮，遂有退兵之心。张飞见曹操后军阵脚移动，挺矛大喝道："战又不战，退又不退，却是何故？"喊声尚未断绝，曹操身边的将领夏侯杰，竟然吓得肝胆碎裂，栽到马下。曹操见状，拨马便走。于是，曹军众将一齐往西而逃。一时人如潮涌，马似山崩；弃枪落盔者，自相践踏而死者，不计其数。

运筹之道

张飞大闹长坂坡，佯动欺敌，虚张声势，以假乱真，欺骗敌人，是虚实造势的高超艺术。政治、外交、经商，以及为人处世何尝不需要虚实相间呢？

因敌变化而取胜者，谓之神

原文

兵无常势，水无常形。能因敌变化而取胜者，谓之神。

——《孙子兵法》

译文

战争无固定不变的态势，流水无固定不变的流向。能够根据敌情发展变化而采取灵活的措施取胜，才叫作用兵如神。

典故趣读

汉景帝即位不久，吴王刘濞勾结早已蓄谋造反的六个诸侯王，统率20万大军，势如破竹地杀向京城。汉景帝任命中尉周亚夫为统帅，火速赶往前线，挡住刘濞。

周亚夫深知战事危险，只带了少数亲兵，驾着快马轻车，匆匆向洛阳赶去。行至灞上，周亚夫得到密报：刘濞收买了许多亡命之徒，在京城至洛阳的崤渑之间设下埋伏，准备袭击朝廷派往前线的大将。周亚夫果断避开崤渑险地，绕道平安到达洛阳，进兵睢阳，占领了睢阳以北的昌邑城，深挖沟，高筑墙，断绝了刘濞北进的道路。随后，又攻占淮泗口，断绝了刘濞的粮道。

刘濞的军队在北进受阻之后，掉头倾全力攻打睢阳城，但睢阳城十分坚固，而且城内有足够的粮食和武器。守将梁王刘武因为得到了周亚夫的配合，率汉军拼死守城，刘濞在睢阳城下碰得头破血流后，又转而去攻打昌邑。

周亚夫为了消耗刘濞的锐气，坚守壁垒，拒不出战，刘濞无可奈何。

刘濞因粮道被断，粮食日见紧张，军心也开始动摇。刘濞害怕了，他调集全部精锐，孤注一掷，向周亚夫坚守之地发起了大规模的强攻，战斗异常激烈。

刘濞在强攻中采取了声东击西的战略，他表面上是以大批部队进攻汉军壁垒的东南角，实际上将最精锐的军队埋伏下来准备攻击壁垒的西北角。但是，周亚夫棋高一着，识破了刘濞的计策，当坚守东南角的汉军连连告急请派援兵时，周亚夫不但不增兵东南角，反而把自己的主力调到西北角。果然，刘濞在金鼓齐鸣之中，突然一摆令旗，倾其精锐，以排山倒海之势向壁垒西北角发起猛攻，而且一次比一次更猛烈。

激战从白天一直持续到夜晚，刘濞的军队在壁垒前损失惨重，勇气和信心丧失殆尽，加之粮食已经吃光，只好准备撤退。周亚夫哪肯放过这一大好时机，他命令部队发起全面进攻，只一仗就把刘濞打得落花流水。刘濞见大势已去，带着儿子和几千亲兵逃往江南，不久就被东越国王设计杀死。周亚夫乘胜进兵，把其余六国打得一败涂地。

楚王、胶西王、胶东王、淄川王、济南王和赵王先后身亡，一场惊天动地的"七国之乱"就这样被平息了。

运筹之道

敌变我变，关键在于一个"先"字，必须抢在敌人再次"变化"之前，改变已经"过时"的作战计划，掌握战场的主动权，先发制人。在这个案例中，周亚夫在国家处于生死存亡的关键时刻，以其大智大勇，力挽狂澜，保住了汉朝的江山。要做到"随机应变，用兵如神"，首要任务是准确察知敌情，其次是根据己方的情况，果断决策，出奇制胜。

以退为进也是取胜之法

原文

处世让一步为高,退步即进步的张本;待人宽一分是福,利人是利己的根基。

——《菜根谭》

译文

为人处世要有退让一步的态度才算高明,因为让一步就等于是为日后进一步做准备;而待人接物以抱宽厚态度为最快乐,因为给人家方便实际上是给自己留下日后方便的基础。

典故趣读

春秋时期,晋献公听信谗言,杀了太子申生,又派人捉拿申生的异母兄弟重耳。重耳闻讯,逃出了晋国,在外流亡十九年。到了楚国,楚成王设宴款待重耳,并问道:"如果公子返回晋国,拿什么来报答我呢?"重耳回答说:"男女仆人、宝玉丝绸,您都有了;鸟羽、兽毛、象牙和皮革,都是贵国的特产。那些流散到晋国的,都是您剩下的。我拿什么来报答您呢？"楚成王说："尽管如此，总得拿什么来报答我吧？"重耳回答说："如果托您的福，我能返回晋国，一旦晋国和楚国交战，双方军队在中原碰上了，我就让晋军退避九十里地。如果得不到您退兵的命令，我就只好左手拿着马鞭和弓箭，右边挂着箭袋和弓套陪您较量一番了。"楚国大夫子玉请求成王杀掉公子重耳。楚成王说："晋公子志向远大而生活俭朴，言辞文雅而合乎礼仪。他的随从态度恭敬而待人宽厚，忠诚而尽力。现在晋惠公没有亲近的人，国内外的人都憎恨他。我听说姓姬的一族中，唐叔的一支是衰落得最迟的，恐怕要靠晋公子来振兴吧？上天要让他兴盛，谁又能废掉他呢？违背天意，必定会遭大祸。"于是楚成王就派人把重耳送去了秦国。

后来重耳终于回国即位，就是晋文公。晋文公即位后，整顿内政，发展生产，把晋国治理得渐渐强盛起来。他也希望像齐桓公那样，做个中原的霸主。

正巧宋成公来讨救兵，说楚国派大将子玉率领楚、陈、蔡、郑、许五国兵马攻打宋国。大臣们都说："楚国经常欺负中原诸侯，主公要扶助有困难的国家，建立霸业，这可是时候啦。"

晋文公早就看出，要当上中原霸主，就得打败楚国。他就扩充队伍，建立了三个军，浩浩荡荡去救宋国。

前632年，晋军打下了归附楚国的两个小国——曹国和卫国，把两国国君都俘虏了。

楚成王本来并不想同晋文公交战，听到晋国出兵，立刻派人下命令叫子玉退兵。可是子玉以为宋国迟早可以拿下来，不肯半途而废。他派部将去对楚成王说:"我虽然不敢说一定打胜仗,也要拼一个死活。"

楚成王很不痛快,只派了少量兵力由子玉指挥。

子玉先派人通知晋军,要他们释放卫、曹两国国君。晋文公却暗地通知这两国国君,答应恢复他们的君位,但是要他们先跟楚国断交。曹、卫两国真的按晋文公的意思办了。

子玉本想救这两个国家,不料他们倒先来跟楚国绝交。这样一来,真气得他双脚直跳。他嚷着说:"这分明是重耳这个老贼逼他们做的。"他立即下令,催动全军赶到晋军驻扎的地方去。

楚军一进军,晋文公立刻命令往后撤。晋军中有些将士可想不开了,说:"我们的统帅是国君,对方带兵的是臣子,哪有国君让臣子的理儿?"

狐偃解释说:"打仗先要凭个理,理直气壮就。当初楚王曾经帮助过主公,主公在楚王面前答应过:要是两国交战,晋国情愿退避三舍(九十里)。今天后撤,就是为了实现这个诺言啊。要是我们对楚国失了信,那么我们就理亏了。我们退了兵,如果他们还不罢休,步步紧逼,那就是他们输了礼,我们再跟他们交手也不迟。"

晋军一口气后撤了九十里,到了城濮(今山东鄄城西南),才停下来,布置好了阵势。楚国有些将军见晋军后撤,想停止进攻。可是子玉却不答应,追到城濮,跟晋军遥遥相对。子玉还派人向晋文公下战书,措辞十分傲慢。晋文公也派人回答说:"贵国的恩惠,我们从来都不敢忘记,所以退让到这儿。现在既然你们不肯谅解,那么只好在战场上比个高低!"

才一交手，晋国的将军就用两面大旗，指挥军队向后败退。他们还在战车后面拖着砍下的树枝，战车后退时，地下扬起一阵阵的尘土，显出十分慌乱的模样。

子玉一向骄傲自大，不把晋人放在眼里。他不顾前后地直追上去，正中了晋军的埋伏。晋军的中军精锐猛冲过来，把子玉的军队拦腰切断。假装败退的晋军又回过头来，前后夹击，把楚军杀得七零八落。晋文公连忙下令，吩咐将士们只要把楚军赶跑就是了，不再追杀。子玉带了败兵残将撤向楚国，半路上觉得没法向楚成王交代，就自杀了。晋军占领了楚国营地，把楚军遗弃下来的粮食吃了三天，才胜利回国。晋国打败楚国的消息传到周都洛邑，周襄王和大臣都认为晋文公立了大功。周襄王还亲自到践土（今河南原阳西南）慰劳晋军。晋文公趁此机会，在践土给天子造了一座新宫，还约各国诸侯开了个大会，订立盟约。这样，晋文公就当上了中原的霸主。

运筹之道

"忍一时风平浪静，退一步海阔天空。"晋文公一退再退，"迂"至极。然而这"迂"中有"直"，明里兑现了对楚成王的诺言，暗里埋伏重兵，把楚军杀个人仰马翻，可谓德、战双赢。

用兵之道，攻心为上

原文

夫用兵之道，攻心为上，攻城为下，心战为上，兵战为下。

——《三国志》

译文

用兵的原则，从心理上瓦解敌人，使对手投降是上策，强攻城池是下策，以攻心战为目标才是上策，以武力取胜却是下策。

典故趣读

明朝心学大师王阳明曾经说过："盖用兵之法，伐谋为先；处夷之道，攻心为上。"在他看来看，调兵作战，首先要用谋略来克制敌人；而要彻底地将敌人消灭掉，最好的办法就是让他们从内心对自己感到敬畏进而服从于自己。

王阳明一生中曾数次参与平乱。在每次作战之前，他都要发布榜文，让当地百姓明白他打仗的原因，并让山贼土匪们意识到自己犯下的错误。更重要的是，王阳明给了他们非常宽容的政策，而绝非一网打尽、斩草除根。于是有很多误入歧途者明白了自己的错误所在，心服口服地缴械投降。

在平定朱宸濠叛乱之后，由于叛乱的中心在南昌，而南昌东南面的安仁、余干等地还有叛乱的余波。为了能够消除这个隐患，王阳明认真分析了这里百姓作乱的原因：一是地处偏僻，居住分散，大家都产生了一种天高皇帝远的错觉；二是因为赋税不均引起了百姓的不满；三是官府对百姓的反抗没有采用正确的方法来对待，所以才导致有一部分人敢于铤而走险。总结了这几点原因之后，王阳明草拟了一道具有教化性质的榜谕安抚当地百姓，避免了小规模的战争爆发。

王阳明不仅是在战后重视"安人心"的意义，就是在战争进行中他也广泛采用这种策略。比如当他征剿思州和田州的时候，军队开拔到了南宁一带，却没有马上发动进攻。因为王阳明深知广西的老百姓已经连年遭受战火的蹂躏，所以不忍心再使用武力，竟遣散了调集过来的士兵，让百姓亲眼看见朝廷并非想要对他们斩尽杀绝，而是要以德服人。正是这种攻心为上的策略，让王家军成为一支正义之师，也让王阳明在百姓心中的地位与日俱增。

王阳明的军事思想核心是消灭战争，而是不是消灭敌人。纵观由他亲自指挥的六次战役，没有一次是为了争权夺利而发动的，都是平定叛乱、维护国家安定的战争。正因为王阳明站在国家和多数人利益的立场上去指挥战争，所以才能得到如此广泛的理解和支持。可见，"消灭战争"这个思想认识是非常正确的，因为它将战火带来的损失降到最低。

运筹之道

人生本来就是一场战斗,只有时刻保持内心的沉稳,才能在残酷的生活考验面前一马当先,冲破重重阻碍,最终摘取强者的桂冠。特别是在激烈的竞争中,急于和对手过招反而会暴露自己的缺陷,不如先把自己的气势培养好,采取韬光养晦的策略让自己心静如水。当我们修行到一定境界的时候,心中潜藏的那种威慑力量就会不自觉地展现出来,对手会因此而丧失斗志,甘拜下风。切记,攻心之术,其技艺之根就是我们强大的内心世界。

知人所不知,见人所不见

原文

计谋者,存亡之枢机。虑不会,则听不审矣;候之不得,计谋失矣,则意无所信,虚而无实。

——《鬼谷子》

译文

所谓"计谋",是国家存亡的关键。一旦思想不交融,那么听到的情况就不会翔实;接受的东西不恰当,计谋就失效了,就会变得无法采信,空洞不实。

典故趣读

楚襄王做太子时,曾在齐国当质子。楚怀王死后,太子要赶紧归国继承君位。齐王却乘机要挟他,提出以楚国东部500里土地作为交换条件,不然就不放他回去。太子向身边随臣慎子求教。慎子认为,回国继承王位是大事,可以先答应齐国的要求,余下的事以后再说。

太子回国继承了王位。不久,齐国便派使者带领兵车50辆,前来索要先前答应的500里土地。襄王很为难，又向慎子讨主意。慎子说："您明日上朝时，召见众臣，让大家都献计。"

第一个献策的是上柱国子良，他说："不能不给，身为君主，金口玉言。过去已经答应，现在不给是不讲信用的。那样，以后在诸侯国中难以取信。所以，应当先给，然后再出兵夺取回来。先给他，表明我们言而有信。再次取回来，证明我们武力强大。"

子良退出，昭常入见襄王说："不能给。我们楚国所以号称万乘之国，是因为地盘广大。如今割去东部500里土地，楚国就去掉了一半，岂非徒有万乘之名而无万乘之实吗？坚决不能给！请求大王让我领兵去镇守东部边境。"昭常退出，景鲤入见，他说："不能给。不过，以楚国自己的力量也难以守住。不如答应给他，以践约守信。请大王再派我去求救于秦，助我守地。"景鲤出，慎子最后入见。楚襄王便把子良、昭常、景鲤三人的主张都讲给慎子听，并且说："众说纷纭，我将何所适从？"慎子听罢，从容地说："这些主张大王都可以采用。"襄王十分不解，沉着脸说："这话是什么意思？"慎子说："臣用事实去验证他们的三种主张都是可行的。"于是，慎子便向襄王说出了具体的办法："大王可先让上柱国子良前往齐国献地；第二天，派昭常去东部镇守；第三日，再派景鲤去向秦国求救。"襄王便依计而行。

子良到了齐国，告知齐王同意立即献地之事。可是，当齐国派兵去东部接管地盘时，守将昭常却说："我奉命守此东地，便当守职尽责，与国土共存亡。如果你们一定要夺取这块土地，我这五尺男儿，还有上至皓首老人，下至三尺儿童，以及30多万楚国士卒，但愿为守护东部国土而献身！"

齐王闻讯，便谴责子良说："大夫你亲自前来献地，而今又令昭常镇守，这是何故！"子良说："我奉楚王之命前来献地是真，昭常不给是有违君命。请大王出兵东地攻打昭常就是了。"

于是，齐王大举兴兵攻打东地，但还未到达楚国边界，秦国已出动50万大军兵临齐国。秦军统帅派使者致意齐王说："当初齐国阻止楚太子归国继承君位，并乘机要挟，索要土地，这是不仁；如今又出兵强行攻占楚国土地，这是不义。如果退兵便罢，不然，我就要打了。"齐王深恐后方有失，只好让子良回归楚国，并派使者赴秦讲和。结果，楚国既保住了东部500里国土，又未失信于天下。

客观事物无不存在相互联系。子良、昭常、景鲤三人的主张不同，而慎子却能各取其长，互为补充，形成一个确保国土的上上之策。楚襄王遇有疑难，能谋定而后动，不失其明智。一谋统三筹，慎子不愧为大智之人。

运筹之道

不考虑长远利益，就不能谋划当前的问题；不考虑全局利益，就不能处理好局部问题。谋深计远，需要认识和掌握事物发展变化的可能和趋势，事先采取相应的措施，做到知人所不知，见人所不见。善于从实际出发，开动脑筋，研究对手，分析趋势，才能有先见之明，赢得先机之利。应对可能出现的情况，评估各种可能，将有利因素、不利因素充分考虑到，并分别提出几种不同的对策，这样才能时时保持主动，立于不败之地。

应变

以变应变，凡事都有出路

"明者因时而变，知者随事而制""穷则变，变则通，通则久"。善于应变者，并非一味随波逐流，而是审时度势、把握时机，能于万变之中寻得一线生机。能变通者，并非一味固执己见，而是灵活应对，另辟蹊径。善应变、能变通，二者相辅相成，唯有如此，方可在风云变幻之中立于不败之地。

三军可夺气，将军可夺心

原文

故三军可夺气，将军可夺心。是故朝气锐，昼气惰，暮气归。善用兵者，避其锐气，击其惰归，此治气者也。以治待乱，以静待哗，此治心者也。以近待远，以逸待劳，以饱待饥，此治力者也。无邀正正之旗，勿击堂堂之尘，此治变者也。

——《孙子兵法》

译文

对于敌人的军队，可以使其士气衰竭；对于敌人的将领，可以使其决心动摇。初战时气锐，继战时气衰，战至后期，士气就消亡了。因而，善于用兵的人，总是避开敌人的锐气，攻击懈怠欲归的敌人，这是掌握军队士气的方法。用严整的部队对付混乱的部队，用沉着冷静的军旅对付浮躁喧乱的部队，这就是从心理上制伏、战胜敌人的办法。用靠近战场的部队等待远途奔来的敌军，用休整良好的部队等待疲劳困顿的敌军，用饱食的部队对付饥饿的部队，这就是从体力上制伏、战胜敌人的办法。不要去拦击旗帜整齐、部署周密的敌人，不要去攻击阵容堂皇、实力强大的敌人，这是以权变对付敌人的办法。

典故趣读

春秋时，齐国发兵攻打鲁国（两国都在今山东省境）。当时齐国强大，鲁国弱小，双方实力悬殊。可是结果鲁国却以弱胜强，把齐军打得大败。据《左传》载，这次鲁国的胜利，与曹刿的精心策划有很大关系。

曹刿既非武将，也非文臣，但深通兵法。他得悉齐国发兵来犯，鲁庄公准备抵抗，便主动要求面见庄公。他的亲友邻人劝他："国家大事，自有那些天天吃肉的大官管着，你何必瞎操心？"曹刿说："那些大官目光短浅，不会有深谋远见。"

曹刿见了庄公，首先提出：取信于民，是战前重要的政治准备，也是获胜的保证。并要求作战时允许他一起去，于是庄公便叫他同车出发。

齐、鲁两军在长勺相遇。双方列开阵势，战斗即将开始。只见齐军大擂战鼓，准备进兵。庄公也准备擂鼓迎击。曹刿阻止道："等一等。"齐军见鲁军没有反应，又擂了一通鼓。这样齐军擂鼓三通，鲁军总是按兵不动。直到齐军三通鼓罢，曹刿才说："现在可以进兵了！"鲁军战鼓一响，下令冲杀，士兵们一声呐喊，直扑敌阵，势不可当。齐军大败，狼狈而逃。

庄公正想下令追击，曹刿却又阻止，并下车细看地面齐军兵车的车辙，又攀上车前横木，注意眺望敌军退走的情形，然后说："现在可以追击了！"庄公当即下令追击。鲁军乘胜前进，把齐军全部赶出了国境。

虽然获胜，鲁庄公却不明白曹刿为什么这样指挥。曹刿说："战斗，主要是靠勇气。第一通鼓时，士兵们勇气最足；到再擂鼓时，勇气有些衰落；到第三通鼓，勇气几乎全部消失了。敌军勇气消失，我们则一鼓作气，斗志昂扬，所以打败了他们（'夫战，勇气也。一鼓作气，再而衰，三而竭。彼竭我盈，故克之'）。"曹刿又说："齐国军力不能低估，说不定会设下伏兵，诈败引诱我们。我见他们车辙混乱，旗帜倒掩，说明仓皇逃窜，这才放心追击（'视其辙乱，望其旗靡'）。"

曹刿深通兵法但不教条，一切从实际出发，实事求是，通过战争进程中各个环节的变化征兆来判断战争变化的趋势，所以能够千百年来被传为佳话。

应变之道

做任何事情，趁一开始情绪高涨、干劲旺盛时全力以赴，这叫"一鼓作气"。如果事情总干不好，原有的勇气和力量逐渐衰退而尽，就叫"再衰三竭"。

真圣贤，决非迂腐

原文

真圣贤，决非迂腐；真豪杰，断不粗疏。

——《格言联璧》

译文

真正品德高尚的人，一定不会拘泥于旧规、不知变通；真正才智勇力出众的人，也肯定不会粗俗马虎。

典故趣读

孔子带着弟子们前往卫都，途中经过蒲邑。公叔氏在此地叛变，孔子一行人被蒲邑人扣留。

面对这突如其来的危机，孔子的弟子公良孺挺身而出，与蒲邑人展开了一场激烈的搏斗。

蒲邑人见状，畏惧不已，于是对孔子说："如果你不去卫都，我们就放了你。"

孔子深知此时此刻的处境，他冷静地分析了形势，决定暂时妥协。于是，他立下盟誓，表示自己不会再去卫都，蒲邑人这才将孔子一行人放行。

然而，孔子并没有放弃前往卫都的计划。他对弟子们说："我们继续前进。"

子贡心中不解，问孔子："盟誓难道可以背弃吗？"

孔子笑了笑，说："这是被要挟而订立的盟誓，上苍是不会理睬的。"

这一番对话，让弟子们对孔子的智慧和胸怀有了更深刻的理解。他们明白，孔子虽然主张"克己复礼"，但在特定情况下，也需要像水一样"善变"，顺势而为。因为只有这样，才能应对复杂多变的人生挑战。

应变之道

在孔子的带领下，弟子们明白了人生的智慧：在面对困境时，不能固执己见，要学会变通；而当身处顺境时，则需秉持原则，不忘初心。这也是孔子一直以来教导弟子的道理：人生没有绝对的困境与顺境，关键在于如何去应对和把握。

处事不必邀功，无过便是功

原文

处事不必邀功，无过便是功；与人不求感德，无怨便是德。

——《菜根谭》

译文

人生在世不必想方设法去强取功劳，其实只要没有过错就算是功劳；救助人不必希望对方感恩戴德，只要对方不怨恨自己就算恩德。

典故趣读

唐代宗时，天下大乱，为了平息各种战乱，郭子仪率领众军，将敌军节节击退，挽救了大唐，立下了显赫战功。唐代宗既欣赏他的才能，又担心他功高震主，只好将他召回。回朝后郭子仪马上移交了军权，悄然离去。只要国家有难，他定会再次出现。因此，四代君王都很器重他，离不开他的辅佐。

唐代宗大历二年（767年）十月，郭子仪正在与吐蕃军队拼杀在灵州前线，正当此时，鱼朝恩却在郭子仪不备之时派人将他父亲的坟墓给掘了。等到郭子仪全胜归朝的时候，所有的人都在担心郭子仪会大闹不放过鱼朝恩，就连唐代宗也这样猜测担忧着。

因此，唐代宗只好在郭子仪回朝的那天，主动提起了这件事情。没想到郭子仪不但没有追究鱼朝恩的过错，反而自责，认为是自己常年打仗，治军不严，没能制止军事盗坟的行为。现在，他父亲的坟墓被盗了，只能证明自己犯了不孝的大罪，怨不得他人。所有的人听了郭子仪的自责都对他由衷敬佩。

郭子仪很明白自己的处境，越是功劳大，麻烦也就越大。尽管用他的时候唐代宗对他赏赐有加，但是必须处处小心，对自己的责任丝毫不能懈怠，毕竟伴君如伴虎。因此，每次皇帝要给他加官晋爵他都再三地推辞，实在推不了才勉强接受，曾经唐代宗还想要把尚书令的职位给他，但是他却告诉唐代宗，唐太宗曾经做过这个官职，后来的几个皇帝都为了尊敬唐太宗没再设尚书令一职，如今他还是希望唐代宗不要坏了祖上的规矩，以此拒绝了封赏。唐代宗也只好赏赐了其他的东西给他。

应变之道

"无功便是功，无怨便是德"，并非指俗话所说"多做多错，少做少错，不做不错"的消极思想，而是一种舍己为人的精神。假如施恩图报，那就等于贪婪而不是给予。真正的给予应该是牺牲自己照亮别人。对不属于自己的东西不强求，应该听其自然，强求反而会适得其反。从这个意义上讲，不邀功就可以保持自我而不被功利所迷惑，才会把奉献、给予当成一种崇高的境界来追求。

处世之道，亦即应变之术

原文

夫处世之道，亦即应变之术，岂可偏执一端？

——《三国演义》

译文

为人处世之道，就是应变的学问，不能够偏执。

典故趣读

在三国时期，司马懿驻守西凉等处，成为诸葛亮伐魏的最大障碍。为了消除这个障碍，诸葛亮决定采用马谡的反间计，使魏主曹叡误以为司马懿谋反，将司马懿削职回乡。

诸葛亮计成后，立即兴师北伐，连取三城，魏国上下震惊。曹叡无奈之下，只得重新起用司马懿。此时，降魏之将孟达镇守上庸，与诸葛亮暗通，计划谋取两京。孟达打算攻取洛阳，而诸葛亮则志在长安。

然而，当诸葛亮得知司马懿复职的消息后，深感情况不妙。他急忙致书孟达，提醒他注意司马懿的威胁："近闻曹叡复诏司马懿起宛、洛之兵，若闻公举事，必先至矣。须万全提备，勿视为等闲也。"

孟达对诸葛亮的警告不以为然，认为司马懿的事情无须担心。他回信给诸葛亮说："我以为司马懿的事，不用担心，宛城离洛阳约八百里，至新城一千二百里。若司马懿知道我举事，必须表奏魏主，往复至少一个月时间，到那个时候，我城地已固，请将与三军都在深险之地。即使司马懿来，又有什么可畏惧的呢？丞相宽心，静听捷报！"

诸葛亮看了孟达的来书后，不禁掷书于地，叹息道："孟达必死于司马懿之手了。"马谡问其原因，诸葛亮解释道："兵书上说'攻其不备，出其不意。'岂容他料在一月之期？曹叡既然委任司马懿，逢寇即除，何待奏闻？若知孟达反，不须十日，兵必到了。安能措手耶？"

诸葛亮深知孟达的性格和计划，决定再给他一次警告。于是他立刻回书告诫孟达："若未举事，切莫教别人知道，否则必败。"然而，孟达仍然固执己见，认为自己已经做好了万全的准备。

与此同时，司马懿也得知了孟达谋反的消息。他果断采取行动，传令教人马起程，一日要行二日之路，如迟立斩。又令参军梁畿下檄文，星夜去新城，传令孟达等准备进征，稳住孟达，使其不怀疑。

梁畿赶到新城后传达了司马懿的将令。孟达问他何时起程，梁畿回答说："此时大约离开宛城往长安去了。"孟达听后暗喜，以为自己的大事就要成功了。

然而，事情并没有按照他的计划发展。司马懿在向新城进军的途中缴获了诸葛亮给孟达的回书。看完书信后他大惊失色:"世间能者所见略同,吾机被孔明识破。"于是他星夜催军急行,不到十日就抵达了新城。孟达措手不及,终被擒杀。

孟达不懂得事物总是在变化这一道理,认为司马懿若要起兵下新城,必须奏魏主许之而后行,因此得出"往复一月"的判断。司马懿的看法和做法却恰恰与之相反,他声东击西,使孟达上当。

应变之道

战场千变万化,它并非由一方来主导,而是由双方共同设计,任何一方都不难以稳操胜券,而是胜中有败,败中有胜。人生如战场,善于应变,才能解决前进途中的阻碍。

明者因时而变，知者随事而制

原文

明者因时而变，知者随事而制。

——《盐铁论》

译文

聪明的人会根据时期的不同而改变行事策略，智慧的人会随着事情的不同而改变处理问题的方法。

典故趣读

在战国初期，赵国以其独特的礼仪文化而闻名。赵国人注重穿着打扮，连走路的姿态都十分讲究。然而，随着战争的频繁发生，军事力量的强弱成为国家安全的决定性因素。传统的宽袍大袖和笨拙的战车已无法适应新的战争需求。

赵国地处北方，东北面强敌燕国环伺，东面是东胡，西面是秦国。要想在这乱世中自保，赵国必须拥有一支训练有素、能征善战的军队。当时赵国的国君是赵武灵王，他年轻有为，决心将赵国治理得更加强盛。

一天，赵武灵王注意到胡人的短衣窄袖、皮靴与快马的结合让他们在战争中灵活自如、战斗力非凡。于是，他萌生了效仿胡人，改革赵国服饰和军事装备的想法。

赵武灵王召集文武群臣共同商讨此事，他对臣子们说："我们赵国四面受敌，形势不利。若不奋发图强，国家危在旦夕。为了增强实力，我们必须进行改革。你们看，我们国家的服饰长袍大袖，无论是作战还是劳作都不便，远不如胡人的短衣窄袖灵活。我打算参照胡人的服饰，对我们的服饰进行改革。"

大臣楼缓听后表示赞同："穿胡人那样的衣服，作战时能更灵活。这是个好主意。"

赵武灵王接着说："如果我们穿上胡人的衣服，再学会骑马射箭，必定能大大提高军队的战斗力。"

然而，大多数思想保守的臣子对此改革表示反对。尤其是赵武灵王的叔父公子成，反对最为激烈。

见众人反对，赵武灵王有些犹豫。此时，大臣肥义站出来支持改革："大王，犹豫不决是成就大事的大忌。既然您认为改革对国家有利，何必在乎那些闲言碎语？不要让反对的声音左右您的决策。"

赵武灵王听后为之一振，第二天早朝时，他率先穿上胡人的服饰出现在群臣面前。那些原本就赞同改革的人觉得赵武灵王行事果断，有魄力；而那些反对的人则摇头叹息，认为这身打扮有失体统，甚至有人嘲笑他"不伦不类"。赵武灵王的叔父更是气愤不已，拂袖而去。

赵武灵王并未因此而动摇。他知道要推行改革，必须先说服那些关键人物，尤其是他的叔父。于是他亲自登门拜访，耐心地解释改革的必要性和重要性。经过一番劝说，公子成终于被说服了。赵武灵王立即赏赐给他一套胡服。

大臣们看到公子成也穿上了胡服，无论内心是否愿意，也纷纷效仿起来。很快，整个赵国不论贫富贵贱，都穿上了胡服。时间一长，人们渐渐习惯了这种服饰，觉得它比之前的服装更加舒适方便。

改革服装的成功为赵武灵王进一步推行军事改革奠定了基础。他号召全民，尤其是军人武士学习骑马射箭技术。为了激发人们的积极性，他还举办了多场骑马射箭比赛，并亲自颁发奖品以资鼓励。这使得赵国迅速掀起了一股骑马射箭的热潮。不到一年，赵国就训练出了一支强大的骑兵队伍。

经过"胡服骑射"改革的赵国，成为当时除秦国外，国力最强的国家。

应变之道

赵武灵王的改革不仅使赵国在军事上变得更加强大，也使得国家整体实力得到了提升。他因时而变、随事而制的智慧和勇气为后世树立了一个榜样。在面对挑战时要有决心和勇气去改革创新，只有这样才能够适应时代的变化，在竞争中立于不败之地。

错了就是错了,不要文过饰非

原文

人有过,多于过上用功,就是补甑,其流必归于文过。

——《传习录》

译文

人有了过错,如果仅仅在过错上下功夫,就好比修补破瓦罐一样,就会演变为文过饰非。

典故趣读

在濮阳初次与曹操对敌时,陈宫曾为吕布谋划在濮阳南边一百八十里的泰山道上埋伏精兵,袭击曹军。吕布没有采纳,只是派两员副将驻守兖州,自己却率领主力另屯兵濮阳,坐待曹兵围攻。

结果曹操一举攻下了兖州,又挟得胜之势率领大军直逼濮阳。敌众我寡,局势紧迫,陈宫极力主张:"不可出战,待众将聚会后方可。"但吕布自认为:"吾怕谁来?"于是逞个人英雄主义,未听从陈宫的计策,孤军应敌,结果又一战丢了濮阳。

徐州之战时，吕布虽被曹军围困在下邳孤城，但实力仍强，军队未打败仗，士气也高，部将们都忠心耿耿，意欲放手一搏。当时陈宫也曾建议说："今操兵方来，可乘其寨栅未定，以逸击劳，无不胜也。"但吕布刚愎自用，自恃"粮食足备，以资于内；泗水之险，以拒于外"，不肯抓住有利战机主动出击，宁肯困守孤城，坐以待毙。

当曹军兵至下邳城时，吕布被团团包围，已经无路可逃。陈宫又一次献策："曹操远来，其势必不能长久。将军如果用步兵和骑兵驻守城外，我率领其余人马把守城门，曹军若进攻将军，我率兵从后面攻打；若来攻城，将军就从外面救援。不到一个月，曹军弹尽粮绝，可一鼓而破。"如此良策，有勇无谋的吕布却听从妻妾之言，守城不攻，将陈宫的良谋抛之脑后，最终一错再错，落得个身死白门楼的下场。

吕布骁勇善战，在民间有"人中吕布，马中赤兔"之说，但就是这样一个猛将，却不听陈宫之言，"饰非""矜夸"，认为自己"吾之英雄，谁敢近也"，结果落得个众叛亲离、身死敌手的下场。

应变之道

历史上像吕布这样刚愎自用的"英雄"很多，比如"自辩捷疾、才力过人"却拒谏孤行的商纣王，执迷不悟、自刎乌江的西楚霸王项羽等。这些人都犯了同样的错误，因为才能显著，便认为天下所有人都比不上自己。他们自以为是，听不进别人的劝谏，认识不到自身的不足，一意孤行，最终在错误里越陷越深。

世无常贵，事无常师

原文

世无常贵，事无常师。

——《鬼谷子》

译文

世上没有永久居于高贵位置的人，也没有永久可供借鉴的事。

典故趣读

战国时代，鲁国的施氏有两个儿子：一个醉心于学术，才华横溢，被齐侯赏识，聘为诸位公子的老师；另一个则对军事策略情有独钟，他的兵法深得楚王赞赏，被委任为军队的执法官。施家的辉煌，引来了无数羡慕与尊敬的目光，也包括他们的邻居孟氏父子。

孟氏的两个儿子与施家的儿子们有着相同的学习方向，然而他们的生活却相当贫困。他们心中既羡慕又困惑，于是决定向施氏请教如何通过学术和兵法来改变命运。施家的儿子们很友善，毫无保留地将自己的经历告诉了孟氏父子。

受到启发的孟氏长子决定前往秦国，希望以学术赢得官职。然而，秦王却对他的仁义之道不以为然。在秦王看来，当下各国都在以武力争夺天下，扩充军队、储备粮食才是当务之急。对于用仁义治理国家的想法，秦王认为这是自取灭亡，于是对孟氏长子处以宫刑，以示惩罚。

与此同时，孟氏次子前往卫国，希望以兵法获得官职。然而，卫侯对他的策略并不认同。卫侯认为，作为一个弱小的国家，应该在大国之间寻求和平共处，而不是依赖兵法权谋。有人说，如果让孟氏次子安然无恙地离开卫国，他将成为卫国的巨大隐患。于是，卫侯下令砍掉了他的双脚。

孟氏的两个儿子带着满身伤痛和失望回家，他们的父亲孟氏愤怒地质问施氏为何没有告诉他真实的情况。施氏则以深沉的生活智慧回答道："你们的失败并非因为你们的做法有误，而是因为你们没有抓住时机。天下之道无恒常，今日之用或为明日之弃，或为未来之需。你们需要顺应时势，灵活变通。"

施氏的话语让孟氏父子陷入了深思。

应变之道

成功的道路并非一成不变，只有那些能够洞察时势、灵活应对的人，才能在这个不断变化的世界中立足。在追求目标的道路上，我们需要保持敏锐的洞察力，灵活应对变化，才能避免失败，实现成功。

与人谈判，随机应变

原文

与智者言，依于博；与拙者言，依于辩；与辩者言，依于要；与贵者言，依于势；与富者言，依于高；与贫者言，依于利；与贱者言，依于谦；与勇者言，依于敢；与过者言，依于锐。此其术也，而人常反之。是故与智者言，将此以明之；与不智者言，将此以教之，而甚难为也。故言多类，事多变。故终日言，不失其类，故事不乱。终日变，而不失其主，故智贵不妄。听贵聪，智贵明，辞贵奇。

——《鬼谷子》

译文

与智者谈话，就要以渊博为原则；与拙者说话，要以强辩为原则；与善辩的人谈话，要以简要为原则；与高贵的人谈话，要以鼓吹气势为原则；与富人谈话，要以高雅潇洒为原则；与穷人谈话，要以利害为原则；与卑贱者谈话，要以谦恭为原则；与勇敢的人谈话，要以果敢为原则；与过激者谈话，要以敏锐为原则。这些都是与人谈话的原则。然而不少人却常常背道而驰。所以，与聪明人谈话时，就要让他明了这些方法，与笨人谈话时，就要用这些方法引导他。然而事实上很难做到。所以说谈话有各种方法，所论事情会不断变化。掌握这些方法，终日谈论，也不会把事情搞乱。事情不断变化，也不会失其原则。故就智者而言重要的是要有条不紊，听话善辨真伪，聪颖善断是非，出言变化莫测。

典故趣读

  战国时期，秦国围攻赵国的首都邯郸，赵军在"长平之战"被秦国击败，只好向魏国求救；魏国却害怕秦国，不仅不发救兵，而且派客将军辛垣衍到邯郸，劝赵国屈服，尊奉秦国为帝。

  赵国当政大臣平原君一筹莫展，形势十分危急。齐国的高士鲁仲连恰好在邯郸。他挺身而出，问平原君怎么办，平原君说自己没有任何应付的办法。鲁仲连就说："我原来认为您是天下的贤能公子，现在才知道您不是天下的贤能公子。辛垣衍在哪里，我请求为您数落他，打发他离开。"

  鲁仲连见了辛垣衍之后，首先一言不发，辛垣衍只好先开口说："先生并不有求于平原君，为什么住在这座危险的城里而不离开呢？"

  鲁仲连这才开口说话："秦国是一个抛弃礼义而崇尚战争的国家。它若是称了帝统治天下，我宁愿跳进东海自杀，也不会当秦国的奴隶一样的百姓。我之所以留在这里，是为了帮助赵国。"

  辛垣衍说："您如何帮助赵国呢？"

  鲁仲连说："齐国、楚国本来就会帮助赵国，我还要使魏国、燕国也帮助赵国。"

  辛垣衍说："燕国且不说，我就是魏国人，先生怎么能够使魏国帮助赵国呢？"

鲁仲连说："魏国不懂得秦国称帝的危害，所以才按兵不动，只要懂了就一定会帮助赵国抵抗秦国。秦国称了帝，就会向魏国不断索取，颐指气使。"

辛垣衍说："您看到过十个仆人侍奉一个主人的情况吗？并不是仆人们的力量赶不上主人，而是害怕主人的缘故。"

鲁仲连马上说："看来，魏国是把自己当作秦国的仆人了。那么，我将让秦王把魏王烹煮掉或者剁成肉酱。"

辛垣衍不高兴地说："先生说话太过分了！"

鲁仲连大义凛然地说："鬼侯、鄂侯、周文王担任纣王的三公。鬼侯把女儿献给纣王，纣王认为她不美，就把鬼侯剁成肉酱；鄂侯极力劝阻，也被做成干肉；文王为此叹气，就被囚禁起来。魏国与秦国都是有万辆兵车的大国，为什么看到秦国打了一次胜仗，就屈服而称臣呢？魏国一旦称臣，秦国就会加强控制，派亲信担任魏国的大臣，派女子进入魏国的王宫。魏王还能够安全吗？将军您还能保持目前的地位吗？"

辛垣衍终于表示佩服，离开了邯郸。秦军听到消息，马上后撤了50里。接着，魏国信陵君带兵救赵，解了邯郸之围。平原君摆宴庆贺，他要封给鲁仲连爵位，被拒绝；赠送千金，又被拒绝。鲁仲连说："为人排除患难而不求什么私利，这才是士的可贵之处。不然，就成了唯利是图的商人。"

应变之道

鲁仲连游说平原君的过程，体现了"与贵者言，依于势；与富者言，依于高"的原则；而他游说辛垣衍，则语言尖锐，步步进逼，表现出"与过者言，依于锐"的特点。

置身事外看问题

原文

议事者身在事外,宜悉利害之情;任事者身居事中,当忘利害之虑。

——《菜根谭》

译文

评论事物得失,以超然的身份置身事外,就能了解掌握事情的始末,通晓利害;反之,如果以当事人的身份置身事中,就要暂时忘怀个人的毁誉,才能专心策划并推动所担负的任务。

典故趣读

春秋时期,晋国的国君贪图享乐,不思国政,不惜一切地动用人力和物力,想要建造两座九层之高的高台,供自己开心。由于工程过于庞大,三年的时间都无法完全建成。这种劳民伤财的行径,令百姓苦不堪言,心中都压抑着怒火。然而,为了防止有人劝谏,晋国国君竟然下令但凡有人提出异议马上斩首示众。

有一个名叫荀息的官员，对这件事情十分不满，便上书求见。晋国国君看到上书之后，派人搭好了弓箭，只要他敢来到大殿公然提起反对意见，立刻就用乱箭射死他。

可是谁都没想到，荀息来到了大殿，见到国君以后根本就不提反对建议，而是轻松地说："我从来不想给大王提任何的反对意见，您是一国之君，您说的我们就要去做。我今日来，只是带来了一个小把戏供大王开心，我要用十二个棋子堆积在一起，然后再在上面放上九个鸡蛋，不知道大王对这个是否感兴趣？"

晋国国君听了感到非常新奇，就允许他当众表演，只见荀息小心翼翼地将十二个棋子先堆积好了，然后屏住呼吸地往上面放一个个鸡蛋。在场的人看得都很紧张，晋国国君看得十分起劲儿，并且连声喊道："危险！危险！"荀息赶紧答道："这不算危险，比这危险的事情也不是没有啊！"国君又问："那还有什么是比这个还要危险的呢？"

荀息抓住时机地答："想要建造两个九层的台，三年的时间都无法完成，有劳动力的壮年都被带去筑台了，耕田的人就没有了，女人们只能去耕田，就又没有了织布的人，这样一来国库空虚是早晚的事情。百姓身心疲惫，邻国要是知道了，就会趁机偷袭我们，国家就会瞬间灭亡，这难道不是最危险的事情吗？"

听完了荀息的话之后，晋国国君如梦初醒，翻然悔悟，立刻下令停止建台，以防铸成大错。

应变之道

"当局者迷，旁观者清"，可见要想对某事作公平的论断，就得置身事外，这样才会使自己的思路得以拓展。而有时迷于局内时，可以先放一放，别让思路限于一隅。可事情往往并不等你避开就铺天盖地而来，这时必须以清醒的头脑、公正的心态把个人的恩怨、毁誉放到一边，一心一意去把事情办好，为公众服务。

居安思危，思则有备，有备无患

原文

无事如有事，时提防，可以弭意外之变。有事如无事，时镇定，可以销局中之危。

——《小窗幽记》

译文

平安无事时，要时刻提防，可以消弭意外变化的发生。遭遇险境时，要当作无事发生，保持镇定，方能化险为夷。

典故趣读

春秋时期，宋、齐、晋、卫等12国联合围攻郑国，郑国国君十分惊慌，急忙向12国中最强大的晋国求和。晋国同意求和，其余11国便也停止了进攻。郑国为了讨好晋国，给晋国送去大量礼物，有著名乐师、成套的兵车、歌女等，还有许多乐器。

晋悼公看见这么丰厚的礼物，非常高兴。郑国原送来16名歌女，晋悼公打算将其中的8个赠给他的功臣魏绛，说："你这些年为我出谋划策，每件事办得都很顺利，我们也真是合拍啊！现在有了礼物，咱们该一同享受才是。"

可魏绛却毅然谢绝了晋悼公的好意，并且对晋悼公说："国家之所以强盛，首先是因为您治理国家的才能，其次是靠众位同僚的齐心协力，我个人哪里有什么贡献？但愿您在享乐之时，能想到国家还有许多事等着您处理。《尚书》说：'居安思危。思则有备，有备无患。'现在我不得不将这话说给大王听！"

魏绛的冷静理智和深谋远虑，令晋悼公大受震动，心想：是啊，今天受困的是郑国，他们不得不向我求和，只因我们的国家是强大的。倘若耽于安乐，他日难保不会遭受和郑国同样的困境而被迫向他国求和。

从此，晋悼公对魏绛更加敬重了。

应变之道

人在安乐之中，往往不能看到潜在的危险，而危险来临时，又难以保持原有的镇定。倘若常常能考虑另一面，多向前看一步，方能做到"防患于未然""兵来将挡，水来土掩"。

借势

顺势而为，借势而上，以弱胜强

善借外力，以成大事。借势之道，在于审时度势，巧用时机。势有长短，有消有长，善借者能扬长避短，以弱胜强。借势并非取巧，而是为了求胜。乘政策之东风，借科技之力量，得贵人之相助……凡事发生皆有利于我，这就是借势。

天时地利,借势而为

原文

圣人不能为时,时至而弗失。

——《战国策》

译文

圣人并不能创造时机,只是时机来到而不错过罢了。

典故趣读

建安十三年(208年)十一月,曹操率兵50万,号称80万,进攻孙权。孙权兵弱,他和曹操的敌人刘备联合,兵力也不过三五万,只得凭借长江天险,据守在大江南岸。

这年十月,孙权和刘备的联军曾在赤壁(今湖北省蒲沂市)同曹操的先头部队遭遇。曹军多为北方兵士,不习水战,很多人得了疾病,士气很低。两军刚一接触,曹操方面就吃了一个小败仗。

曹操被迫退回长江北岸,屯军乌林(今湖北洪湖),同联军隔江对峙。为了减轻船舰在风浪中的颠簸程度,曹操命令工匠把战船连接

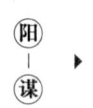

起来，在上面铺上木板。这样，船身稳定多了，人可以在上面往来行走，还可以在上面骑马。这就是所谓"连环战船"，曹操认为这是个渡江的好办法。

但是，"连环战船"目标大，行动不便。所以，有人提醒曹操防备东吴乘机火攻。曹操却认为："凡用火攻，必借东风，方令隆冬之际，只有西北风，安有东南风耶？吾居于西北之上，彼兵皆在南岸，彼若用火，是烧自己之兵也，吾何惧哉？若是十月阳春之时，吾早已提备矣。"

周瑜也看到了这个问题，只是由于气候条件不利火攻，急得他"口吐鲜血，不省人事"。刘备军师诸葛亮用"天有不测风云"一语，点破了周瑜的病因，并密书十六字："欲破曹公，宜用火攻；万事俱备，只欠东风。"可见，对于火攻的条件，曹、周、诸葛三人都有共同的认识。

然而，诸葛亮由于家住赤壁不远的南阳（今湖北襄阳附近），对赤壁一带气候规律的认识比曹、周两人更深刻，更具体。西北风只是气候现象，在西北风气候中可以出现东风，这是天气现象。在军事气象上，除了必须考虑气候规律之外，还须考虑天气规律作为补充。当时，诸葛亮根据对天气变化的分析，凭着自己的经验，已准确地预测到出现偏东风的时间。但为糊弄周瑜，他却设坛祭神"借东风"。

十一月的一个夜晚，果然刮起了东南风，而且风力很大。周瑜派出部将黄盖，带领一支火攻船队，直驶曹军水寨，假装去投降。船上装满了饱浸油类的芦苇和干柴，外边围着布幔加以伪装，船头上插着旗帜。驶在最前头的是十艘冲锋战船。这十艘船行至江心，黄盖命令各船张起帆来，船队前进得更快，逐渐看得见曹军水寨了。

这时候，黄盖命令士兵齐声喊道："黄盖来降！"曹营中的官兵，听说黄盖来降，都走出来伸着脖子观望。曹兵不辨真伪，毫无准备。黄盖的船队距离曹操水寨只有二里远了，他立即下令："放火！"号令一下，所有的战船一齐放起火来，就像一条火龙，直向曹军水寨冲去。东南风愈刮愈猛，火借风力，风助火威，曹军水寨全部着火。"连环战船"一时又拆不开，火不但没法扑灭，而且越烧越盛，一直烧到江岸上。只见烈焰腾空，火光冲天，江面上和江岸上的曹军营寨，陷入一片火海之中。

孙、刘联军把曹操的大队人马歼灭了，把曹军所有的战船都烧毁了。在烟火弥漫之中，曹操率领着残兵败将，向华容（今湖北省监利县西北）小道撤退。不料，途中又遇上狂风暴雨，道路泥泞难行。曹操只好命令所有老弱残兵找来树枝杂草，铺在烂泥路上，让骑兵通过。可是那些老弱残兵，被人马挤倒，受到践踏，又死掉了不少。后来，他只得留下一部分军队防守江陵和襄阳，自己率领残部退回北方去了。

诸葛亮知天文、晓地理、通兵法、精谋略，加上文韬武略的周瑜，两个人的智慧加起来，当然是曹操无法比敌的了。在一片火海中，曹操顾东顾不了西，顾西顾不了东，只好落荒而逃了。

借势之道

所谓运筹"天时""地利",就是选择最合适的时机和选择最合适的地点与敌军开战,每战都出乎敌人意料。如果具有这种能力,即便是千里之外都可以大会战;如果不知天时地利,就会左不能救右,右不能救左,前不能救后,后不能救前,更何况远者数十里,近者数里呢!

把握有利时机，一举成功

原文

计利以听，乃为之势，以佐其外。势者，因利而制权也。

——《孙子兵法》

译文

我的军事思想您认为能够接受，再从外交上造成大好形势作为辅助条件，就掌握了主动权。所谓态势，即是凭借有利的情况，以制订随机应变的策略。

典故趣读

商朝后期，纣王连年对外发动战争，对内滥施酷刑，残害忠良。他还大兴徭役，建造以酒为池、肉为林的离宫，整日过着奢侈荒淫的生活，激起百姓和各诸侯国的强烈不满。这时候，一个足以与殷商王朝对峙的强国——周，在沣水西岸悄然兴起。

前1049年，周武王与八百镇诸侯会于孟津，在孟津举行了声势浩大的誓师仪式，发表了声讨商纣王的檄文，八百诸侯群情激愤，都说:"商纣可伐!"但是周武王听从了国师吕尚(姜子牙)的劝告,认为商纣王朝的力量还十分强大,征伐商纣的时机还未成熟,断然班师返回。

前1046年,殷商王朝内部矛盾激化,王子比干被杀,箕子、微子、大师疵等王室和朝廷重臣或被囚或外逃,纣王已到了众叛亲离的地步。吕尚对周武王说:"天与不取,反受其咎;时至不行,反受其殃。"力劝周武王出兵伐纣。周武王盼这一天盼了十几年,立刻下令遍告诸侯:"殷有重罪,不可不伐!"随后以吕尚为主帅,统兵车300辆、猛士3 000人、甲士45 000人,誓师伐纣。

周军东进,开始的时候,一路上颇不顺利:狂风肆虐,暴雨倾盆,雷电交加,折旗毁车,人马时有伤亡。吕尚巧妙地把这天地肃杀之征解释为鬼神对殷商发怒之状,并大加渲染,不但稳定了军心,还增强了斗志。由于商纣王失尽了人心,四方诸侯及沿途百姓纷纷加入武王的伐纣行列,周军士气日益高涨。

这一年的十二月,吕尚率军渡过黄河,在距殷商都城朝歌仅70里的商郊牧野(今河南卫辉市)召开了誓师大会,历数纣王罪过,揭开了历史上著名的"牧野之战"的序幕。

此时,纣王正与东南的夷人交战,朝歌兵力空虚。周军兵临城下的消息传入朝歌,纣王慌忙把奴隶和战俘武装起来仓促应战。双方在牧野短兵相接。战斗中,吕尚身先士卒,率战车和猛士冲入商军,打乱了商军的阵脚。商军本来就没有斗志,不但不再抵抗,反而阵前倒戈,引导周军杀入朝歌。纣王见大势已去,登上鹿台,自焚而死。殷商就此灭亡。

这年底，周武王班师回到镐京，正式建立了周王朝。

借势之道

因利而制权，是一种智慧，无论我们处于什么样的环境，只要善于把握时机，就能变被动为主动，从而改变自己的命运。

求之于势,不责于人

原文

故善战者,求之于势,不责于人,故能择人而任势。任势者,其战人也,如转木石。木石之性,安则静,危则动,方则止,圆则行。故善战人之势,如转圆石于千仞之山者,势也。

——《孙子兵法》

译文

善于作战的将帅,总是从势中寻找取胜的战机,而不苛求部属。因而,他能恰当地选择人才,巧妙地运用势。善于运用势的将帅,指挥军队作战,就像滚动木石一样。木头、石块的特性是,放在安稳平坦的地方就静止,放在险陡倾斜的地方就滚动;方的容易静止,圆的滚动灵活。所以,善于指挥作战的将帅所造的有利态势,就像从千仞高山上滚下圆石那样。这就是所谓的"势"!

典故趣读

在《三国演义》中,邓芝游说孙权的章节堪称巧借"势"的典范,这启示我们,在行事时,对"势"的巧妙运用有多么重要!

夷陵之战后,刘备遭受重创,损失了8万大军,许多英勇的武将和谋士也一同牺牲。东吴虽然赢得了胜利,但也付出了惨痛的代价,失去了许多优秀的将领。随着魏蜀吴三方势力的消长,三方关系逐渐回归到"吴蜀联合"的轨道上。

尽管两家曾经结下血海深仇,但在三国鼎立的大背景下,形势的发展总是比人的意志更为强大。在吴蜀需要联合抗击魏国的大趋势下,双方都需要一个合适的台阶来缓解紧张关系。这时,蜀国只要有一位得当的使者前往东吴,将利害关系解释清楚,其余事情自然会顺利解决。

邓芝作为使者出使东吴的成功,并非仅仅依赖他出色的口才,而是顺应了形势发展的需要。吴蜀两家在战略上的需求是联合,邓芝只是在这个基础上进一步推动了双方的关系。如果脱离了这样的形势,即使邓芝再能言善辩,恐怕也无法扭转局势。

夷陵之战后,诸葛亮看到了三国形势发展的必然趋势是吴蜀重新结盟、联合抗魏。他已经着手安排这件事,但是派遣谁去执行这个任务需要慎重考虑。这个人必须能够洞察形势,看清吴蜀需要重新联合的大方向,而且与东吴没有任何情感上的纠葛。

邓芝成为一个理想的人选。他来自义阳郡新野县,早年入蜀定居,但一直未受到重用。直到刘备入主益州后,才逐渐得到提拔和重用。他既不属于荆州派系,也不属于东州派系和益州派系。这意味着他与东吴没有太多的历史纠葛和个人情感。

诸葛亮选择邓芝作为出使东吴的使者,是在合适的时机安排了一个合适的人选。这不仅体现了他在择人任势方面的智慧，更确保了吴蜀关系在接下来的阶段能够顺利发展。成就邓芝的不仅仅是形势，还有他个人的努力和智慧。他巧妙地利用了形势，同时也展现了自己的外交才能和敏锐的洞察力。

借势之道

在形势未成熟、条件不足的情况下，即使你有千条妙计也难以取得显著成果。个人的命运往往与大形势息息相关，只有顺应时代潮流，才能顺利实现个人目标。因此，我们需要善于观察形势，顺势而为。

破釜沉舟,势在必行

原文

激水之疾,至于漂石者,势也;鸷鸟之疾,至于毁折者,节也。是故善战者,其势险,其节短。势如彍弩,节如发机。

——《孙子兵法》

译文

湍急的流水飞快地奔泻,以至于能使河床上的石头漂动起来,这便是"势";鸷鸟在较短距离内加速疾飞,捕获猎物,这就是"节"。因而,善于作战的人,他所造成的态势是险峻的,发动攻势的距离是较短的。势就像张满待发的弓弩,节就是在较短距离内瞄准敌人触发的弩机。

典故趣读

秦二世二年(前208年),陈胜、吴广起义,各地反秦武装纷起。秦将章邯击杀楚地反秦武装首领项梁后,率兵20万渡黄河,配合由上郡(今陕西榆林东南)急调至河北的秦将王离击赵,攻破邯郸(今属河北)。赵地反秦武装首领赵王歇及张耳退保钜鹿(今河北平乡西南），被王离军20万人围困。章邯屯军钜鹿南棘原（钜鹿西南，今平乡南），筑甬道（两侧有土墙的道路）至河边，供应王离军粮秣。赵将陈馀收集常山（郡治东垣，今石家庄东）之兵数万人，屯于钜鹿北，自度兵少，不敢出战。王离猛攻钜鹿，城中日趋危急。赵遣使求救于楚、齐、魏、燕等反秦武装。

九月，楚怀王以项梁原先的幕僚宋义为上将军，号为"卿子冠军"，项羽为次将，范增为末将，率楚军主力5万人救赵。次年十月，行至安阳（今山东曹县东），宋义屯兵46日不进，欲坐观秦赵相斗。十一月，项羽斩宋义。怀王乃任命项羽为上将军。

十二月，因张耳多次派人催促，陈馀不得已，遣5000人出战，全部阵亡。齐将田都、燕将臧荼、赵将张敖等救赵诸军皆驻扎在陈馀军垒旁，不敢再战。项羽遣英布、蒲将军以2万兵渡河，断绝秦军甬道。英、蒲二将初战得胜后，项羽率全部楚军渡过漳水，令全军"沉船、破釜甑、烧庐舍，持三日粮，以示士卒必死，无一还心"。楚军士兵以一当十，呼声动地，连续数次击败章邯军。诸路救赵军将领在壁垒上观战，莫不悚惧。直到章邯退保棘原，诸侯方敢助战，与楚军聚歼围城的秦军，俘王离，杀其副将，解钜鹿之围。自此，诸侯皆服属项羽。项羽率部驻于漳水南，诸侯驻军钜鹿城外，对章邯军呈南北夹击之势。

当年夏，因秦军屡败，秦二世遣人追究。章邯恐惧，派长史司马欣回咸阳（今陕西咸阳东北）禀报军情。时赵高专权，猜忌将相，欲杀司马欣。司马欣潜返棘原，劝章邯早图良谋。陈馀亦致书章邯，晓以利害，劝其反戈，裂地称王。章邯犹疑未决。六月，项羽遣蒲将军率部分兵力，日夜兼行，渡漳水三户津（今河北磁县西南），断秦军归路。然后自领大军北渡，大败秦军于污水（漳水支流）。章邯请降。项羽自度粮少不能久战，乃于七月在洹水南殷墟（今河南安阳西）接受章邯军投降。

借势之道

战争是智慧的竞赛，更是力量的竞赛。孙子提出了"势险"和"节短"两个重要原则，这也就是古代兵家所说的"造势"。项羽率楚军以破釜沉舟、义无反顾的精神，用分割截击等战法，势如破竹，全歼秦军主力，这称得上是造势的典范。

置之死地而后生

原文

投之亡地然后存,陷之死地然后生。夫众陷于害,然后能为胜败。

——《孙子兵法》

译文

把士兵置于危险之地,他们才能存活;深陷死地,才能奋不顾身。兵众处于危境,然后才能取得胜利。

典故趣读

前204年,汉王刘邦派大将韩信率数万人马攻打赵军。赵王歇和赵军统帅陈馀率20万兵马集结在井陉口(今河北井陉山上的井陉关),准备迎击韩信。

井陉口地势险要,是韩信攻赵的必经之路。谋士李左车分析了当时的形势,向陈馀献计:"汉军一路上势如破竹,士气高涨,但他们长途跋涉,必定粮草不足。井陉这个地方,车马很难行走,汉军走不上一百里路,粮草必然落在后面。我愿意率3万兵马从小路截断他们的粮草，你再深挖沟、高筑垒，坚守营寨，不与他们交战。这样，汉军前不能战，后不能退，不出10天，我们就能活捉韩信。"

陈馀认为自己的兵力比韩信多10倍，坚持要与汉军正面作战，因而没有采纳李左车的建议。韩信探知陈馀不用李左车的计策，又惊又喜。他率兵进入井陉狭道，在距井陉口30里余里的地方安营扎寨。到了半夜，韩信对2000精兵授以密计：每人拿一面汉军旗帜，迂回到赵军大营的侧后方，埋伏下来；同时又派一方人马作先头部队，背着绵蔓水（流经井陉口东南）摆开阵势。陈馀得知韩信沿河布阵，放声大笑，对部下说："韩信真是徒有虚名之辈，他背水作战，不留退路，这是犯了兵家大忌，自寻死路！"

天亮以后，韩信命部下高擎汉军大将旗号，率主力杀向井陉口。陈馀立刻率军出营迎战，双方厮杀多时，韩信佯作败退，命令士兵抛下旗鼓，向河岸阵地退去。赵军不知是计，认为活捉韩信的时机已到，争先恐后跑出大营，追杀韩信。

这时，埋伏在赵营后面的汉军乘虚而入，将营内的少许守敌击败，拔掉赵军旗子，换上了汉军的红旗。

韩信率汉军退到背靠河水的阵地后，再无路可退，于是掉转头来，迎战赵军。汉军被置于死地，人人背水拼命死战，以求死里逃生。赵军的攻势很快就被遏制住，继而又由进攻转为后撤。但是，赵军将士立刻发现自己的大营已插满了汉军的红旗，顿时军心大乱，斗志全无。韩信指挥汉军前后夹攻，赵军兵败如山倒，陈馀被杀，赵王歇也成了汉军的俘虏。

借势之道

韩信背水一战,是"置之死地而后生"的经典案例,和同时期项羽的"破釜沉舟"有异曲同工之妙。在作战时没有决战的信念,怎会一心死战呢?虽然借势讲究"天时、地利、人和",但置之死地也属于借势,它可以激发人内心的潜能和斗志,从而获得超乎寻常的力量和决心去面对和克服困难。这种借势的方法虽然具有很大的风险,但有时却是取得胜利的唯一途径。因此,在关键时刻,勇敢地挑战自己的极限,置之死地而后生,或许是一种必要的策略。

君子生非异也，善假于物也

原文

君子生非异也，善假于物也。

——《荀子》

译文

君子的资质与一般人没有什么区别，君子之所以高于一般人，是因为他能善于借助外力。

典故趣读

在赤壁之战前，曹操的势力如日中天，他相继击败了袁绍、刘表和吕布，号称麾下有百万雄师、上将千员，展现出了荡平江东、消除异己的霸气。

面对这样的强敌，孙权帐下的谋士们陷入了恐慌，投降的声音此起彼伏。许多人认为，与曹操的力量相比，东吴的实力根本不堪一击。

孙权却不愿轻易放弃。他深知，一旦投降，手下们或许可以保住官职和财富，作为一把手的他，不仅将失去地位，甚至可能失去生命。面对这样的困境，孙权并未慌乱，因为他早已洞悉局势。

然而，他发现主降派的意见占据了上风，甚至连重臣张昭也持此观点。孙权明白，此时的他不能独断专行，强行镇压投降的声音。他需要这些人继续为他出谋划策、出力战斗。

于是，孙权心生一计。他先让前来联吴抗魏的诸葛亮舌战群儒，驳斥了主降派的言论。接着，他搬出了孙策的遗言："内事不决问张昭，外事不决问周瑜。"这句话为接下来的决策定下了基调。

随后，周瑜作为主战派的代表，慷慨陈词地分析了当前的形势，并坚决表示愿意为孙权决一死战。孙权顺势而为，明确表示："既然周瑜主张战斗，那我们就打！"这场戏演得天衣无缝，整个决策过程仿佛水到渠成。

孙权的借力之计运用得巧妙至极。他通过整合内部意见、借助诸葛亮的智谋、周瑜的威望以及孙策遗言的影响力，成功地将众人的思想统一起来。最终，这一决策成为历史上著名的"火烧赤壁"之战的起点。这场战争的胜利不仅使孙权的地位得到巩固，更成为三国鼎立格局形成的转折点。

借势之道

借他人之势，是一门高超的技艺，这也是善假于物、借力使力的道理。今天的"借力而行"，不单单是借助他人的力量，还要善于及时掌握充足的信息，借助外物或者环境的力量，这样才能够真正把握天时地利，顺利实现目标。

成大事者善于借势

原文

今夫飞蓬遇飘风而行千里,乘风之势也。

——《商君书》

译文

就像飞蓬遇风而飘行千里,是因为凭借风势啊。

典故趣读

在战国时期,诸侯国纷争不断,强弱并存。秦国在经过商鞅变法后,国力逐渐强盛,成为当时的大国。在这个时期,有一位名叫张仪的策士,他凭借超群的智慧和谋略,成为秦国的重臣。其中最为人津津乐道的,便是他智取蒲阳的事迹。

当时,秦国公子华和张仪率军围攻魏国的蒲阳。然而,魏军数量众多,秦军处境十分不利。张仪深知,要想顺利攻占蒲阳,必须用奇计。于是,他派人前往魏军营地,声称秦国愿意与魏国和谈。

魏军将领本就对秦军的攻势感到头疼,听到和谈的消息后,便放松了警惕,认为秦军并无恶意。而张仪则趁魏军松懈之际,迅速发起猛攻，一举攻占了蒲阳。这一战，让秦国声威大震，而张仪也因此得到了秦王的赏识。

攻占蒲阳后，张仪并没有止步。他回到秦国，向秦王建议将蒲阳还给魏国，并派公子繇到魏国当人质。这一举动看似出人意料，实则是张仪巧妙地借用了秦王之势。因为他知道秦王正欲统一天下，需要各国的支持和信任。

然而，事情并未就此结束。张仪又借机前往魏国，向魏王强调秦国对魏国的宽厚，提醒魏王不能对秦国不讲礼义。这其实是在巧妙地利用魏王的心态。张仪知道魏国虽然失地，但并不想激怒秦国，以免招来更大的祸患。

此后不久，魏国主动向秦国示好，献上了上郡的十五个县作为礼物。这一事件进一步彰显了秦国的实力和影响力。同时，张仪也因此被任命为秦国的国相，成为秦王的重要谋士。

不得不说张仪是一个善于借势的人，他通过军事威慑和外交撮合，让秦国获得了大片土地。这令秦王非常满意，充分认识到了张仪的价值。自此，张仪一步登天，开始了飞黄腾达的人生。

借势之道

张仪之所以能够成功借势，一方面源于他对各国利益考量的精准把握，另一方面则归功于他的外交手腕和策略运用。他能够敏锐地察觉各国之间的微妙关系，善于运用心理战术，使得自己的主张能够得到其他国家的认同和接受。

好风凭借力,送我上青云

原文

好风凭借力,送我上青云。

——《红楼梦》

译文

借助风的力量,助我登上九霄云天。

典故趣读

在南朝梁时期,有一位名叫刘勰的学者,他年幼时就失去了父亲,生活相当贫困。然而,他对于学问的热爱和追求从未减退,专心致志地研读经文,致力于著书立说。经过无数个日夜的努力,他终于完成了自己的杰作《文心雕龙》。

刘勰所处的年代盛行门第制度。出身于名门望族的人,社会地位就高;出身于贫苦寒门的人,社会地位就低。像刘勰这样出身卑微的平民,自然默默无闻,无人知晓。

尽管刘勰对《文心雕龙》充满了自信,但由于他社会地位不高,这部作品并未受到足够的重视。

刘勰深知，要让世人真正了解这部作品的珍贵之处，必须先找到一个有力的推手。

沈约是当时文坛的领军人物，享有极高的声望。刘勰决心寻求沈约的帮助，希望他能够评鉴自己的作品，从而赢得更多的声誉。不过，沈约身为名流，要见到他并非易事。

为此，刘勰巧妙地制订了一个计划。他打听到沈约外出的时间，背着自己的书稿，装扮成卖书的小贩，提前等候在离沈府不远的路上。当沈约乘坐的马车经过时，刘勰抓住时机兜售自己的书。

沈约素来喜爱读书，他看到刘勰手中的《文心雕龙》，便停下车来取书翻阅。一读之下，他被这本书深深吸引，当即决定购买这本书回家仔细研读。

随着阅读的深入，沈约被《文心雕龙》的卓越文采所折服。在之后的上流人士聚会上，他开始向朋友们大力推荐这部作品。

借助沈约的力量，刘勰终于名声大振，而《文心雕龙》也成为中国文学史上的经典之作。

借势之道

借势不仅是一种能力，也是一种勇气，更是一种智慧。刘勰创作《文心雕龙》，展现出了他的能力；敢于向沈约兜售《文心雕龙》，展现出了他的勇气；借助沈约的力量推广《文心雕龙》，展示出了他的智慧。

借势也是一种能力

原文

虽有智慧不如乘势;虽有镃基不如待时。

——《孟子》

译文

虽有才智,不如借助好时机;就像虽有锄头,不如等待农时一样。

典故趣读

宋朝有一位名叫韩侂胄的宰相,他非常注重招揽人才。有一天,他把大名鼎鼎的文人叶水心请到府上做客。这时,门官送进来一张名帖,上面写着"叶水心"。韩侂胄一看便知,来了一个"冒牌货"。

韩侂胄打算当众揭穿这个人的真面目,让他出丑。假叶水心进来了,是个年轻人。韩侂胄便询问这个年轻人叶水心考进士时的文章,看看他是否真的了解。然而,当这个年轻人不慌不忙地背诵出修改过的文章时,众人都非常惊讶。他们发现,这些文章比原作更加高明。

韩侂胄不禁对这个年轻人产生了兴趣。他拿出了几幅古画,请他题词。年轻人提笔就写,只用了三言两语,就为古画增色不少。众人都对这个年轻人的才华惊叹不已。

这时,韩侂胄悄悄地问年轻人:"我这儿坐着个真叶水心,天下难道有两个叶水心吗?"年轻人答道:"像叶水心这样的文人,天下有的是,要多少有多少。可是,今天我不借助他的大名,您肯见我吗?我叫陈谠,是个无名小卒。"

韩侂胄对这个年轻人的才华和机智深感钦佩,决定帮助他得到更多人的认可和赏识。于是,他开始大力向人们推荐陈谠的才华,并邀请他到府上做客。

随着时间的推移,陈谠的名声逐渐传开,成为一位备受尊敬的文人,并在中国文学史上留下了自己的印记。

借势之道

很多人不是不会借势,而是因为难为情而不愿意求人,总觉得这样做有失体面,好像是贬低了自己的能力。其实,不愿借势,不也意味着能力有限吗?对于普通人来说,应该随时留心周围人的品格、能力及其影响力,要用真心去交朋友,看谁有能力帮助你。这样,才能真正发挥自己的能力。

识人

成熟不是看懂事情,而是看透人性

　　人心会变,但人性千古不变。在任何事件中,都别低估人性的影响。人生在世,不可能永远单枪匹马,还需要伴侣、朋友、同事、下属等人的支持和帮助。这就要求我们具备一定的识人能力,否则就难以预防遇人不淑、交友不慎、用人不当、遭人背叛等人生憾事。看透人性,并非处处设防,而是慧眼识人。人性是复杂的,不可轻言善恶。

財人

人无完人，用人不必求全责备

原文

不以求备取人，不以己长格物，随能收叙，无隔疏贱。

——《贞观政要》

译文

不以求全责备的眼光录取人才，不以自己的长处为标准衡量事物。根据人的才能来任用他，不因关系不密切或他的地位卑贱而排斥。

典故趣读

孔伋，字子思，是孔子的嫡孙，曾受教于孔子的高足曾参。子思将孔子的思想学说传承给门人，而这些门人又将之传给了孟子。因为子思与孟子的学术渊源，后人将他们并称为思孟学派，子思在孔孟思想的传承中起到了至关重要的作用。

相传，子思住在卫国，曾向卫王推荐了一位名叫苟恋的将领。他对卫王说："苟恋胸怀韬略、英勇善战，有能力统领装备了500辆战车的军队。若得此人，任命他为军队统帅，您将天下无敌手。"

卫王却有所顾虑："我知道苟恋有统帅之才，但他曾做过小吏，负责征收赋税时在百姓家吃过两个鸡蛋。因此，这个人不能用。"

子思进一步劝诫卫王："明君选用人才，就如同高明的木匠选用木材。他们会利用木材的可取之处，而舍弃其不可取之处。所以，对于有一围之大的杞树、梓树，即使有几尺是腐烂的，优秀的木匠也不会弃用，因为他们知道这几尺的腐烂部分影响甚微，整块木材仍可被打造成珍贵的器具。如今大王您正处于战乱纷争的时代，仅仅因为两个鸡蛋就放弃一位栋梁之才，这可千万不能让邻国知道啊！"

卫王听从了子思的建议，立刻任命苟恋为大将军。在后来的多次征战中，苟恋为卫国立下了赫赫战功。

识人之道

大丈夫不拘小节。在识人、用人方面，一味求全责备，反而会错失人才。

人不可面相,海水不可斗量

原文

凡人不可面相,海水不可斗量。

——《增广贤文》

译文

不可根据相貌来辨识一个人;就像海水那样不能用斗去测量。

典故趣读

在三国时期,有句流传甚广的话:"卧龙、凤雏,得一人可安天下。"卧龙,指的是有经天纬地之才的诸葛亮,他在被刘备三顾茅庐后得到重用。而凤雏,指的是庞统,尽管他富有才华,却因相貌丑陋而一直没有用武之地。

在当时,盘踞江东的孙权算是一位善于识人的明君。周瑜去世后,孙权听从谋臣鲁肃的建议,召见了庞统。初闻庞统大名时,孙权十分欣喜,但见面后却因庞统的古怪相貌心生不悦。尽管庞统曾为赤壁大战献上连环计,立下奇功,但孙权仍固执己见,将其拒之门外。

鲁肃见状，竭力推荐，希望孙权能重新考虑，但孙权仍旧不为所动。

鲁肃无奈，只好将庞统推荐给了刘备。刘备虽早闻庞统大名，却也因他的相貌而心存芥蒂。恰巧诸葛亮不在身边，刘备就没有重用庞统，而是将他派往耒阳县担任县令。

庞统被委以小官，整日饮酒为乐，不理政务。刘备得知此事后大怒，派大将张飞前去巡视。张飞到了耒阳，发现县里的官员都出城迎接，唯独不见庞统。询问后得知庞统整日饮酒，不问政事。张飞听后大怒，正欲抓捕庞统，幸得同行的孔乾劝止。

张飞等人来到县府，只见庞统衣冠不整，走路歪歪斜斜。张飞怒问庞统为何荒废政事，庞统却笑称小事一桩，只需半日便可料理完毕。于是他升堂办事，耳听讼词，手批公文，口中发落，将县里的事务处理得井井有条。半天不到，所有事情全部了结。

庞统随后投笔落地，问张飞现在他耽误了什么事。张飞深感佩服，马上向庞统道歉并表达敬佩之情。后来，张飞与孙乾向刘备讲述了庞统的才能与足智多谋，刘备意识到自己的过失，封庞统为副军师，与诸葛亮一同辅佐自己。

识人之道

想要了解一个人，绝对不能从单方面去看待，更不能从相貌上做判断。想要知道一个人值不值得去交往，应该综合多方面的因素去探究他究竟是个什么样的人。

交友须带三分侠气

原文

交友须带三分侠气,做人要存一点素心。

——《菜根谭》

译文

交朋友时要有侠肝义胆的豪气,做人要保持赤子之心。

典故趣读

北宋时期,范仲淹在泰州做官的时候,认识了当时年仅20岁的富弼。富弼才华出众,初次见面就给范仲淹留下了非常深刻的印象。范仲淹觉得富弼将来定会成为王佐之才,便把富弼的文章推荐给了当朝宰相晏殊过目,同时还在晏殊面前为富弼美言,保媒让富弼做了晏殊的女婿。

几年的时间一晃而过,山东一带发生多起兵变事件,一些州县的官员为了保全自己,采取了不抵抗策略,甚至开门宴纳,馈赠厚礼。兵变被镇压下来后,皇上便派人前去追究这些地方官的责任。

富弼对这些地方官的不作为异常气愤，他认为应该将他们斩首示众，否则还如何伸张正义呢？

范仲淹却认为这些地方官罪不至死，他们没有兵力，无法镇压兵变，即使殊死抵抗，也无济于事，到头来遭罪的还是平民百姓。

政见上的不同，导致范仲淹和富弼互不相让，陷入争辩。在场的人劝说富弼："你能够有今天，全靠范先生的提点，当初若不是范先生的举荐，你哪里还能站在这里和他争辩呢？难道你都忘记了吗？"

富弼答道："我感谢范先生对我的帮助，不过君子之交就该这样，敢于坚持自己的主张，而不是什么都顺从附和。假如我放弃自己的主张，以此来换取对范先生恩情的回报，我想范先生也会对我失望的。"

范仲淹听了富弼这番话，觉得自己果然没有看错人。恩情和主见本来就不该牵扯到一起，不能因为报恩而让恩情随之贬值。

识人之道

朋友往来不可只重视饮宴谈笑的交际应酬，应重视道义之交，即有患难相助的侠义精神，不为暴力所屈，进而做到心心相印。假如交友本着互相利用的态度，那就违背了交友之道。交友、做人都应该保持一颗纯洁的赤子之心，行善济世、关心社会而不只是一味独善其身，随俗而不为外物所染。人始终应该保持一颗纯洁之心，与志向一致、心灵相通、有侠肝义胆之人一起为社会服务。

君子之交重在和而不同

原文

待小人，不难于严，而难于不恶；待君子，不难于恭，而难于有礼。

——《菜根谭》

译文

面对那些居心叵测的小人，想要对他们苛责严厉比较简单，难的是不去憎恶他们；面对具有高尚品德的君子，想要对他们恭敬也比较简单，难的是掌控好适度的礼节。

典故趣读

据说春秋时期，有一次齐景公打猎回来，他手下的臣子梁丘据前来接驾。看到梁丘据后，齐景公很是高兴，他对晏婴说："你看看眼前这个梁丘据，我认为只有他和我相处才最为和谐！"晏婴听后却不以为然地反驳道："他与你未必是真的和谐，你们只不过是很多地方相同罢了！"

齐景公听到晏婴的反驳后很是不解，他问晏婴："相同与和谐有什么本质区别吗？不都是一样的吗？"

晏婴答："厨师在煮肉汤的时候，把所有的食材和作料都加到了一起，用大火炖，煮得不到位，味道就出不来，煮的时间过长营养又会流失，只有火候恰到好处的时候，才可以烹饪出美味的羹汤。再比如像是奏乐一样，音律刚柔并进，要有抑扬顿挫，才可以表达出曲子的美妙之处，相反，如果奏出来的曲子都是平平的音律，没有特别，谁还会听呢？"

齐景公终于明白了晏婴要表达的意思，也明白了相同与和谐的不同。交友更是如此，彼此包容、尊敬，但不盲目地苟同跟随，即使有不同的意见，依然能欣赏对方的优点，这样的交友才有意义。

识人之道

小人总是有很多过失被人发现，因此一般人谁都会严肃训勉他们，这做起来并不困难。困难的是对事不对人，也就是只就他们所做的错事来训诫他们，不要因为讨厌他们而训诫他们，用老眼光看他们。人都是可以转化的，我们因为小人品德上的不足而憎恨他们，不去教育，那么小人依然会是小人。反之，对待君子，任何人都会敬重他们，可是如果太恭敬就会流于谄媚，使自己由于过分自卑而处于卑微地位，这就不是应有的礼貌，应使礼貌都能合乎节度。憎恨小人，敬重君子，乃是人之常情。但不能因此而过度，因此而忘记人在人格上都是平等的。

纵死侠骨香，不惭世上英

原文

身许为知己死，一剑夷门，到今侠骨香仍古；腰不为督邮折，五斗彭泽，从古高风清至今。

——《小窗幽记》

译文

士为知己者死，夷门侯嬴伏剑自刎，侠骨之香至今犹在；不为五斗米而向督邮折腰，辞去彭泽县令，陶渊明的高风亮节，至今仍被传颂。

典故趣读

战国时期，魏国有一位隐士叫侯嬴，家里很穷，已经70岁了还在做大梁城夷门看守。信陵君听说有这样一个人，便派人去问候，想要送他一份厚礼。侯嬴不肯接受，说："我几十年来修身养性，绝不会因为贫穷就接受公子的财物，放弃自己的操守。"

于是信陵君办了宴席，在宾客都坐定后，特意带着车马，空着车上左边的座位，亲自去夷门迎接侯嬴。侯嬴这次没有拒绝，而是整理了一下破旧的衣帽，径直走上车去坐在信陵君的上座，由此来看信陵君的态度。信陵君握着马缰，并未表现出丝毫的不敬。

侯嬴又对信陵君说："我有个朋友在肉市里，希望能绕路过去拜访他一下。"信陵君便驾着车到肉市上去。侯嬴从车上下来，和一个叫朱亥的人亲切交谈了很久，把信陵君晾在一边，一副目中无人的样子。

侯嬴暗中观察信陵君的表情，发现他的脸色依旧很温和，并未有丝毫变化。当时，魏国的许多贵族都坐在堂上等着开宴，而信陵君却在街市上亲自执辔，他的卫士都在心中咒骂侯嬴不识抬举。侯嬴辞别了朋友，到了信陵君家中，信陵君将他请到上座，并向在座的宾客介绍，每个人都很吃惊。

酒宴正酣之际，信陵君来到侯嬴面前，举杯为他祝寿。侯嬴对信陵君说："我今天实在是太难为您了！我不过是一个夷门看守，您却特意来接我，还陪我去拜访朋友。我本来是故意这样做来观察您的反应，您真是个谦恭下士的人啊！"

从此，侯嬴就成了信陵君府上的常客。侯嬴对信陵君说："我的那个屠夫朋友朱亥，是个贤人，很少有人了解他，因此才埋没在肉市间。"信陵君听了，便几次去拜访，朱亥故意不回拜，让信陵君感到很奇怪。

魏安釐王二十年（前257年），秦昭王攻破了赵国在长平的驻军，又进兵围邯郸。信陵君的姐姐是赵惠文王弟弟平原君的夫人，曾几次派人向魏国求救，魏王派将军晋鄙率领十万大军去救赵。秦王派使者警告魏王："赵国很快就会被攻下，有敢救赵国的，待我取了赵国必定率兵来攻打他。"

魏王害怕了，便叫晋鄙停止进军，暂驻在邺中，持观望态度。平原君不断派出使者到魏国来，责备信陵君说："我自愿同魏国结为亲家，是因为您品行高尚，能够救人于危难。现在赵国正在危急关头，魏国的救兵却迟迟不到，就算是您不同情我，难道也不怜悯您的姐姐吗？"

信陵君很忧虑，屡次请求魏王出兵，并派出自己门下的宾客辩士前去劝说，魏王却因惧怕秦国的势力而迟迟不敢派兵。

信陵君知道想让魏王点头难如登天，便凑齐了一百多乘车，决计带上府上门客前去与秦军拼命。走过夷门时，信陵君拜别了侯嬴，并将计划告诉了他。侯嬴说："我就不能跟随您了，公子好好努力吧！"

信陵君走出了几里路，心里不痛快地想：我待侯嬴已经很周到了，现在我去送死，他话中却没有送我的意思，难道说我还有不是的地方吗？

信陵君又驾车折返，向侯嬴问出心中疑问。侯嬴笑着说："我就知道您会回来！公子礼贤下士，天下皆知。现在有了危难，却只打算跟秦军拼命，此举无异于羊入虎口，会有多大成效呢？"信陵君便向侯嬴请教。

侯嬴悄悄对信陵君说："我听说晋鄙的兵符藏在魏王卧室之内，魏王最宠爱的如姬经常出入其中，有机会能偷到兵符。我还听说，当年如姬的父亲被人杀害，连魏王都没有找到她的杀父仇人，还是您帮了忙，斩了她仇人的头，如姬对您感激不尽。您如果开口请求如姬窃出虎符，她必定答应。这样就可以把晋鄙的军队夺到手里，北救赵

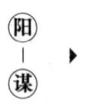

国，西退秦国。"

信陵君听信侯嬴的计策，如姬果然盗出兵符交给了他。

临行前，侯嬴对信陵君说："我应当跟您一起去，可我年老体衰，力不从心。请让我计算您的行程，您到达晋鄙军中的那一天，我将面向北方自杀，用来报答您的知遇之恩！"信陵君与侯嬴告别，到达晋鄙军中时，侯嬴果然面向北方自杀了。

信陵君成功夺得了晋鄙的军队，击退秦军，魏王因此大为恼怒。秦军撤退后，信陵君遣部将率领大军撤回魏国，自己则和门客留在了赵国。

识人之道

"国士遇我，国士报之"，士为知己者死，是对待他人时的高风亮节；不为五斗米折腰，是对待自我的自尊自重。人若能有此铮铮铁骨，又何愁埋没于历史的风尘中呢？

掌握中庸之道

原文

清能有容,仁能善断,明不伤察,直不过矫,是谓蜜饯不甜,海味不咸,才是懿德。

——《菜根谭》

译文

清正廉洁而又能宽以待人,仁爱慈悲而又能当机立断,聪敏明智却不苛求于人,刚正不阿却不矫枉过正,这种道理就是蜜饯甜蜜却不宜过甜,海鲜咸美却不宜过咸。做事不偏不倚,才是为人处世的美德。

典故趣读

三国时期,官渡之战中,曹操只有7万兵力,而袁绍却有70万大军,可见两军交战,曹军可谓以弱抗强。

为了转败为胜,曹操采纳了谋士的建议,将袁绍的粮草重地烧为灰烬,取得了最终的胜利。

由于大火起得太过突然,袁绍为了保全性命只能仓皇逃出,很多重要的信件都没来得及带走。这些信件落在了曹操的手中，其中的书信往来有很多都是曹操手下的大将，因为害怕敌人的强大，用这样的方式给自己留有退路。

很多忠心的将士都建议曹操将那些胆小怕事不忠心的人杀掉，免除后患。曹操却说："大敌当前，袁绍的兵力那么的庞大，我甚至都有过动摇的心态和不够坚定的信念，更何况那些将士了。"说完他便派人将这些信件统统烧毁了。

原本那些写过信件的将士都胆战心惊地等着曹操的发落，没想到曹操并没有处罚他们，反而将信件直接烧毁了，让这些人很感动，从此死心塌地地追随着曹操，有不少人成为日后建立魏国的开国功臣，有些敌对势力的将士听说了这件事情之后，也都慕名投靠在了曹操的手下，为他建立伟业出力。

识人之道

严于品德修养是好的，但严的结果应该是符合中庸之道，这样行事才可能不偏颇。不能认为因为自己品格优良或做好事就自然正确，往往适得其反。一个清廉自守的人固然值得尊敬，可是他们往往矫枉过正，把自己的格调提升得很高，对于社会上的万事万物容不得一点沙子，疾恶如仇，结果就变成毫无容忍雅量的偏激之徒。这样行事，其主观努力和客观效果很可能相反。反之，一个宽宏大量而又居心仁厚的人固然受人爱戴，可这种人可能又往往缺乏果断力。这样的人可以成一个老好人，办不得大事。一个聪明人如果没有高尚的品德修养，不能在处事中掌握好分寸，那么聪明会对他造成妨害，就是通常所说的"聪明反被聪明误"。一个人很精明，可精明到极致便可能一事无成。可见做事要保证主观努力和客观效果一致，一方面要求品德端正，另一方面得把好做事的尺度，方法适宜才行。

阳谋

乍见之欢，不如久处不厌

原文

使人有面前之誉，不若使人无背后之毁；使人有乍交之欢，不若使人无久处之厌。

——《小窗幽记》

译文

让他人当面赞誉你，倒不如要他人别在背后诋毁你；令对方有乍见之欢，不如令对方久处不厌。

典故趣读

战国时期齐国有一美男子名为邹忌，一天清晨，邹忌穿戴完毕，问妻子："我与城北的徐公相比谁美？"徐公亦是有名的美男子。妻子答："自然是您更美。"邹忌不信，又问妾："我和徐公相比谁美？"妾说："徐公哪能比得上您？"第二天，有客人来拜访，邹忌又问了同样的问题，客人答："徐公不如您俊美。"后来徐公前来拜访，邹忌发觉自己不如徐公俊美，这才明白："妻子说我美，是因为偏爱我；

妾说我美,是因为害怕我;客人说我美,是因为有求于我。"

后来邹忌上朝拜见齐威王,讲起此事:"我明明不如徐公俊美,可我的妻子偏爱我,我的妾害怕我,我的客人有求于我,所以都说了违心的话。如今齐国地广城多,宫中之人无不偏爱您,朝中之臣无不害怕您,全国百姓无不有求于您,由此看来,您受的蒙蔽必然更深了!"

齐威王深以为然,于是下令:"所有臣民,敢于当面指责我的过错的,给予上等奖赏;上书劝谏我的,给予中等奖赏;敢于议论并让我听到的,给予下等奖赏。"命令下达后,起初群臣进谏,门庭若市;几个月后只是偶尔有人进谏;一年后,即使想来进谏,也没什么可说的了。

这便是"邹忌讽齐王纳谏"的故事。

识人之道

维系人前之盛名易,保有人后之清名难;乍见欢喜易,久处不厌难。无论世事如何变化,真心永远最难得。

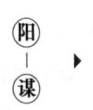

交友的真谛在于由淡薄到浓厚

原文

先淡后浓，先疏后亲，先远后近，交友道也。

——《小窗幽记》

译文

交友的真谛在于由淡薄至浓厚，从疏离到亲密，由远观到靠近。

典故趣读

春秋时期，楚国有个叫俞伯牙的人，通晓音律，琴艺绝伦，是赫赫有名的琴师。俞伯牙少时十分聪慧，曾拜高人为师，这才练就高超的琴技，但他常觉得自己还未达到以琴音表达世间万物的境界。俞伯牙的师父知道他的想法后，就带他来到东海蓬莱岛，让他欣赏大自然的美景，倾听万物的声音。身在蓬莱仙境，俞伯牙有感而发取出琴来，将自然之美融入琴音中，琴艺精进。

俞伯牙出师后四处游历，一天晚上正乘船游览，面对皎皎明月，徐徐清风，他不禁取出琴来弹奏。忽听岸上有人鼓掌叫绝，俞伯牙望向岸边，见那里站着个樵夫。他暗暗惊讶，没想到一个樵夫竟懂得欣赏他的琴音。他心中想着高山，弹起赞美高山的曲调，樵夫再次叫绝："真好啊！曲声雄浑伟岸，仿佛巍峨耸立的泰山！"俞伯牙更感诧异，又以琴音表现出奔流不息的波涛。樵夫竟再次叫好："真妙啊！浩浩荡荡，仿佛滔滔江流，无边无际。"

俞伯牙欣喜万分，激动地说："你真是我的知音！"随后得知樵夫名叫钟子期。

二人因琴音结缘，成为挚友，并相约第二年中秋在此相会。谁知第二年钟子期亡故了，俞伯牙前往他的坟墓前祭奠，弹奏一首极尽哀愁的曲子后，便将琴摔碎，发誓此生再不抚琴。

识人之道

所谓"先择而后交，则寡尤；先交而后择，故多怨"，交友是一个做选择题的过程，倘若未加思索便选择朋友，无异于以自己的友情做赌注，去赌另一人是否和自己合拍。正如高山流水遇知音，交友需从互相了解开始，不能一蹴而就。

慧眼识人，勿听他人一面之词

原文

毋因群疑而阻独见，毋任己意而废人言，毋私小惠而伤大体，毋借公论以快私情。

——《菜根谭》

译文

不要因为大多数人都疑惑就放弃个人的独特见解，也不要因个人好恶而固执己见，忽视别人的金玉良言。不可因个人私利搞小恩小惠而伤害整体利益，更不可以借助社会大众的舆论来满足自己的私人愿望，发泄个人不满。

典故趣读

胡雪岩是晚清时期一位著名的商人，据说他曾经用过一个名叫陈世龙的小混混作为下属，并且对这个小混混还委以重任，所有的人都不理解。大家都觉得陈世龙整日游游逛逛，游手好闲，除了白吃闲饭成不了大器，让他参与买卖经营，简直是笑话，只有胡雪岩坚持认为陈世龙是一个跑外场非常好的人选。

胡雪岩初次和陈世龙见面的时候，陈世龙对胡雪岩提出的所有问题对答如流，反应敏捷，头脑灵活，思路清晰，给胡雪岩留下了非常好的印象。胡雪岩通过其他人得知，尽管陈世龙喜欢赌博，但是对朋友很讲义气，绝对不会干出卖朋友的事情，胡雪岩对陈世龙更是多了几分肯定。

不过，胡雪岩在启用陈世龙之前也做了一些考察。

有一次，胡雪岩和陈世龙推心置腹地交谈过后，陈世龙答应胡雪岩一定要戒赌，不让这个恶习影响他日后的生活，临别的时候，胡雪岩将一张五十两的银票交给了陈世龙，想要考验陈世龙会不会食言。分别后，陈世龙果然带着银票来到了赌场，不过不同的是这一次陈世龙真的没有再赌，只不过是转了一圈就离开了，此后，再也没进过赌场。

后来，陈世龙真的成了胡雪岩的得力助手，足以看出胡雪岩慧眼识人的英明。

识人之道

人固然要有从善如流的习惯，但绝不是人云亦云。选择朋友要有远见、有眼光，不能一味地听从他人的评论，要通过自己的接触去了解，毕竟耳听为虚，眼见为实，不要因为他人的言论左右了自己的判断，错过了忠实的朋友，那就得不偿失了。

心有邪念不识交

原文

吉人安详,即梦寐神魂,无非和气;凶人狠戾,即声音笑语,浑是杀机。

——《菜根谭》

译文

一个心地善良的人,言行举止总是镇定安详,即使在睡梦中,神情也都洋溢着一团祥和之气;一个性情凶暴的人,不论做什么事都能体现出狡诈、残忍的一面,甚至在谈笑之间也渗透出一种恐怖肃杀之气。

典故趣读

在唐代大臣吕元膺任东都洛阳留守的时候,经常喜欢和一些门客下棋娱乐。有一次,吕元膺一边批阅公文,一边和一个小官吏下棋。这个小官吏求胜心切,趁着吕元膺批阅公文的时候将其中的一枚棋子给换掉了。等吕元膺转过身来再看棋局之时,棋局都变换了模样,原本可能取胜的棋局变成了必输无疑的局势。吕元膺一下子就明白了,一定是小官吏在中间做了手脚，为了维护这个小官吏的面子，吕元膺没有马上揭穿他，索性投子认输，结束了这一场棋局。

第二天，吕元膺再次将这个小官吏请到了自己的府上，小官吏本来以为吕元膺是因为败给了他，想要向他请教呢，还猜测吕元膺很赏识他，准备提拔他，就兴高采烈地去了。没想到吕元膺和他交谈了很长时间却没有一个字提到提拔他，更没有提起昨天下棋的事情，正当小官吏不解之时，吕元膺对他说："我这里机会实在是有限，不足以为你提供施展远大抱负的机会，别耽误了你的前程，要是你想要有更好的发展，就请你自己去另谋高就吧！"说完，就吩咐下人将提前准备好的礼物送给了这个小官吏，并且热情地将他送到了大门口，亲眼看着这个人离开了自己的辖地才放心回去。很多人对此事不解，但是吕元膺没有任何解释。

直到吕元膺病危之时，他嘱咐自己的后人时，才说出了当年的事情原因。他说："十几年前，我因为一枚棋子，辞去了和我一直关系很好的一个门客，其实一枚棋子算不上什么大事儿，只是游戏而已，不过通过这个小动作，我却看出他心术不正。听说这个人确实因贪赃枉法而丧命。很多人都认为我是无情之人，但是交友就是这样，一定要慎重。不能被表面的假象所迷惑。"话音刚落，吕元膺便与世长辞了。

识人之道

俗话说，江山易改，禀性难移。一个人的个性可以表现在他生活的各个方面，想伪装是很难的，是不会长久的。但凡一个遵守礼法的

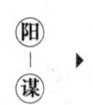

人，由于他的内心毫无邪念，所以言行显得善良，每个人都觉得他和蔼可亲。由于心地善良，不论处在什么环境，都能散发出一种安详之气。反之，一个生性残暴的人，不论何时，总会令人感到一种恐怖之气。因为这种人时时想着算计别人，谋取私利。可见一个人是善是恶，能从他的言谈举止中察觉，即使在睡梦中也显出各自的心性。路遥知马力，日久见人心。不要从表面的现象判断一个人是否可交，要从他的待人接物，从一些微小的细节中观察人的本质，我们在为人处世中，在工作中必须善于识人才对。

与人不可太分明

原文

持身不可太皎洁，一切污辱垢秽，要茹纳得；与人不可太分明，一切善恶贤愚，要包容得。

——《菜根谭》

译文

立身处世千万不可自命不凡、过于清高，对于那些污浊、屈辱、丑恶的东西都要能容忍、接受；与人相处千万不可斤斤计较、分毫不让，对于那些善良的、邪恶的、智慧的、愚蠢的人都要能够理解、包容。

典故趣读

战国时期，齐相靖郭君是一个很喜欢鉴别人才的人。当时他有一个门客名叫齐貌辨。这个人从表面上看缺点很多，很多人都不喜欢他，只有靖郭君对他非常尊敬。其他的门客和士尉多次要求靖郭君赶走这个看起来没有一点用处的人，但是靖郭君都没有采纳。孟尝君也曾为了这件事情单独劝说过靖郭君。可是靖郭君却认为，就算是把他的家拆了，只要齐貌辨能开心，他都愿意。

待齐宣王继位之后，很多人都质疑靖郭君的办事能力，靖郭君只好辞官回家。可是回到了封地还是跟齐貌辨待在一起，没过多长时间，齐貌辨就向靖郭君辞行了，他要去求见齐宣王。靖郭君说："其实现在的齐宣王非常讨厌我，你去了，就是自寻死路。"齐貌辨说："我没打算苟且活命，为了报答你对我一直以来的厚恩，我必须去。"

靖郭君无奈，只好让齐貌辨去了。

齐宣王听说齐貌辨前来，非常愤怒，打算亲自处罚他。齐貌辨见到齐宣王后，齐宣王说："你就是那个让靖郭君丢了官职还对你言听计从的人吧？"齐貌辨答："欣赏是有，但是绝不是言听计从，我要给您讲两件事。第一件是，当初大王还没继位的时候，我曾在私下劝说过靖郭君，我觉得太子不好相处，后患无穷，不如现在就废除他，可是靖郭君流泪拒绝，他认为不能那样对待您。要是靖郭君按照我的话做了，今天的局面就不会出现了。第二件是，靖郭君回到了封地之后，没几天楚相昭阳就来请求他，要用比薛城大几倍的地方换薛城。我建议靖郭君答应下来，可是靖郭君不同意，他认为这地方是先王给他的恩典，就算现在在新王这里失宠，但是对于先王的忠心永远长存，要是将薛城换出去，就对不起先王了。就这两件事情足以看出靖郭君对您的忠心了。"

齐宣王听后很是感动，说："没想到靖郭君对我是如此忠心，可是无知的我却从不知晓，求您帮我将靖郭君请回来吧！"齐貌辨连忙点头。

识人之道

人不是生活在真空里,要和各种各样的人打交道,必然不能事事按自己的意愿来办事,这就必须学会适应社会。"水至清则无鱼,人至察则无徒",每个人有缺点也有优点,每个人看问题都有片面性,有的东西以为是对的,却偏偏是错;有的事以为别人错了,实际上因为自己认识上的不足,反而是自己错了。孔子对此的态度是明确的:"三人行,必有我师焉。择其善者而从之,其不善者而改之。"

敞开心胸与人交往是天下畅快事

原文

剖去胸中荆棘,以便人我往来,是天下第一快活世界。

——《小窗幽记》

译文

将心中的种种隔阂去除,敞开心胸与人相交,是天下最令人畅快欣喜的事了。

典故趣读

春秋时期,齐襄公荒淫无道,致使齐国内乱,引来杀身之祸。如此形势之下,齐襄公的两个儿子公子纠和公子小白只好跑到国外避难。

公子小白在鲍叔牙的协助下回到齐国,成为国君,即齐桓公。然而,齐桓公归国的路上并不太平,曾遭到管仲的暗杀,因为管仲协助的对象正是与齐桓公争夺王位的对手公子纠。

这次暗杀并没有成功,公子纠和管仲只好暂避鲁国。齐桓公继承王位后，发兵攻打鲁国，要求鲁国把公子纠杀死并交出管仲。鲁国为解被围之急，只好答应。管仲被押送回齐国，本以为会成为死囚，岂料鲍叔牙竟亲自出城相迎，还将他举荐给齐桓公。

原来，齐桓公急需有才干的人来辅佐，因此准备任命鲍叔牙为齐国宰相。然而，鲍叔牙诚恳地对齐桓公说："臣是个平庸之辈，没有能力把齐国治理富强。您还是重用管仲吧。"齐桓公惊讶地反问道："你不知道管仲是我的仇人吗？他曾以暗箭射我，险些害我丧命，我恨不能将其挫骨扬灰，你居然让我重用他？"鲍叔牙回答："那时管仲是公子纠的人，自然要为公子纠卖力。客观地说，管仲是不可多得的天下奇才。"齐桓公又问鲍叔牙："管仲与你比较又如何？"鲍叔牙沉静地指出："管仲有五点比我强。宽以从政，惠以爱民；治理江山，有条不紊；取信于民，深得民心；制订礼仪，教化天下；整治军队，勇敢善战。"鲍叔牙进一步谏请齐桓公放下旧怨，化敌为友。齐桓公也是大度之人，接受了鲍叔牙的建议和举荐，并决定选择吉祥日子，以非常隆重的礼节，亲自去迎接管仲，以此来表示对管仲的重视和信任。

管仲被鲍叔牙所感动，同意辅佐齐桓公。之后，齐国恢复元气，逐渐成为强国。

识人之道

人们需要放下恩怨，敞开心胸与人交往，即使是敌人也能成为朋友。鲁迅有首诗写道："度尽劫波兄弟在，相逢一笑泯恩仇。"如此全无隔阂的情谊，多么令人快活！

宁可艰于择人，不可轻任而不信

原文

任人之道，要在不疑。宁可艰于择人，不可轻任而不信。

——《论任人之体不可疑札子》

译文

用人的道理，关键在于不去怀疑他，宁肯在选择人的时候辛苦考察，也不可以轻易地任用某人却不信任他。

典故趣读

在三国时代，诸葛亮在刘备的麾下担任重要职位，而他的哥哥诸葛瑾则在孙权的麾下效劳。

诸葛瑾在孙权的朝廷中受到了极高的尊重和信任。他从最初的长史晋升为南郡太守，再后来成为大将军，兼任豫州牧。

然而，诸葛瑾的接连晋升也引起了一些人的嫉妒。有传言称，诸葛瑾实际上被他的弟弟诸葛亮所利用，他表面上为孙权效力，暗中却支持刘备。这些谣言愈演愈烈，一时间满城风雨。

陆逊是东吴的名将,善于明辨是非。当他听到这些谣言时,大为震惊。他深知诸葛瑾是一个行事坦荡、忠心耿耿的人,因此决定挺身而出,为诸葛瑾辩护。

陆逊向孙权上表,申明诸葛瑾是忠于孙权的,绝无任何不忠的行为。他恳请孙权不要轻易相信那些谗言。

孙权对陆逊的正直深感赞赏,对他说:"子瑜(诸葛瑾的字)与我共事多年,他的为人我非常清楚。他从不做出格的事,也不会说出格的话。他对我以及对东吴的忠诚是无可置疑的。想当年,刘备派诸葛亮来东吴,我曾对子瑜说:'你与孔明是亲兄弟,按理他应跟随你,你为什么不把他留下来?'他回答我:'我弟弟诸葛亮已投靠刘备,应效忠刘备;我在你手下做事,应效忠于你。这种归属决定了君臣之分,从道义上说,都不能三心二意。我兄弟不会留在东吴,就如同我不会到蜀汉去是一样的道理。'这些话足显其高贵品格,谣言绝非事实。"

孙权还告诉陆逊,前不久他看到那些对诸葛瑾不利的奏章后,当即封起来并写了一封亲笔信派人交给诸葛瑾。很快他收到了诸葛瑾的回信,信中论述了天下君臣大节自有一定名分的道理,使他深受感动。

最后,孙权语重心长地对陆逊说:"子瑜对我忠肝义胆,我知道你和他是好朋友,对我也是一片拳拳之心。我就把你的奏表也像过去一样封好,交给子瑜去看,也好让他知道你的良苦用心。"

面对诸葛瑾所遭受的不公平指责和谣言攻击,孙权始终保持清醒的头脑和明智的判断。他并没有被谣言所迷惑,反而更加信任和重用诸葛瑾。他知道诸葛瑾是一个忠诚、有才华的人，因此，他仍然像以前一样将重要的奏章封起来拿给诸葛瑾看，这无疑是对诸葛瑾才华和人格的一种肯定和嘉奖。这也进一步巩固了诸葛瑾对孙权的忠诚。

识人之道

"用人不疑，疑人不用"在现代仍具有重要价值。它强调了信任与责任的重要性，在企业管理和团队合作中尤为关键。只有充分信任员工，才能激发他们的积极性和创造力，形成高效的工作氛围。同时，这也提醒我们在选拔人才时要谨慎，一旦选择就应给予充分信任和支持。这种理念有助于建立稳定、和谐的人际关系，推动个人和组织的共同成长。

成事

看天地，见众生，做自己，向内求

"事了拂衣去，深藏身与名"是成功，"风月平生意，江湖自在身"是成功，"谈笑间，樯橹灰飞烟灭"是成功，"结庐在人境，而无车马喧"是成功，"天生我材必有用，千金散尽还复来"是成功……成功没有定义，如果给它一个定义，那就是以自己喜欢的方式过一生。成大事者，向内求。阳谋立身，但求问心无愧。

为人师表者，当传授圣人之道

原文

古之学者必有师。师者，所以传道受业解惑也。

——《师说》

译文

古代求学的人一定有老师。老师，是传授道理、教授学业、解答疑难问题的人。

典故趣读

耶律有尚，字伯强，元代大儒。天资聪颖，器识超绝，受业于许衡，精通性理之学。历官国子祭酒，迁昭文馆大学士。卒年86岁，谥号"文正"。

至元八年（1271年），许衡升任集贤殿大学士兼国子祭酒，专门负责教育王公大臣的子弟。他奏请皇上批准，把他的12名学生任命为斋长，作为伴读，耶律有尚就是其中之一。许衡年老，回归乡里后，朝廷任命耶律有尚和他的同学作为助教，接管学校的全面事务。担任助教很长时间之后，耶律有尚出任监察御史，但他没有上任。紧接着，他又被任命为秘书监丞，出知蓟州。耶律有尚在蓟州任上时，为政宽简，深得民心。裕宗在东宫时，召耶律有尚为詹事院长史。自从耶律有尚离开学校后，学校的事务就再也没有人接管，诸业废弛，处于停学状态。因此，朝廷认为除了耶律有尚，谁也不能继承许衡的职务，于是，就提拔耶律有尚为国子司业。当时学馆未建，没有教学设施，老师、学生全都是租借民房居住。耶律有尚上任后，多次进言呼吁，朝廷才兴建学舍，开始设立国子监，紧接着设立监官，扩大学生人数，学校初具规模，教学走向正轨。耶律有尚升任国子祭酒。从此，儒风大振。

至元二十七年（1290年），因为双亲年老，耶律有尚辞职归奉双亲。大德改元，耶律有尚又被征召赴任，任集贤大学士，兼国子祭酒，级别相当于中奉大夫。耶律有尚主管国学，其立教以义理为本，省察自己必须诚恳真切，待人接物以恭敬为先，行为必须端正诚笃。在他的教导下，学生们争着学习正道，崇拜孔孟学说，以经术为尊，以实践为急务，全都成为德才兼备的有用人才。

耶律有尚把自己高尚的道德和修养，结合到了他对国家和人民的责任感和使命感之中，他从事教育工作，传授圣人之道，唤醒民众的道德礼仪。

成事之道

圣人之道，是对道德、仁义、礼义的追求与实践。为人师表，不仅需传授知识，更需担当起引导学生走向正确人生道路的责任。为人师表者，当传授圣人之道。这正是教育的意义。

持之以恒，终有所成

原文

辨既明矣，思既慎矣，问既审矣，学既能矣，又从而不息其功焉，斯之谓笃行。

——《传习录》

译文

当已达到能分辨清楚，已思考缜密，问题已解决，学业已长进，还精进不已，持续不断地用功，这才能叫作笃行（切实地践行）。

典故趣读

清朝初年，有一位著名的学者、史学家名叫万斯同，他参与并编纂了中国历史上最重要的史书合集——《二十四史》，为后人留下了一笔宝贵的文化遗产。然而，能够参与完成如此鸿篇巨制的万斯同，小时候却是一个顽皮的孩子。由于他少年时期过度贪玩，在客人面前丢尽了面子，遭到大家的一致批评。万斯同一气之下，竟然掀翻了宾客们的桌子，被盛怒的父亲关进了书房。

闲来无事，万斯同便翻开了书架上的书，他发现读书原来也挺有趣的，于是津津有味地看了下去。这一看，便是一年多。在这段时间里，万斯同"两耳不闻窗外事，一心只读圣贤书"，无论在阅读中遇到多大的障碍和困惑都能坚持下来，而他这种手不释卷的精神也得到了父亲的赞赏。正是因为这种日积月累的勤学苦读，让万斯同逐渐成长为一个通晓历史熟知国学文化的著名学者。后来，在参与《二十四史》中《明史》的纂修工作时，参加纂修的官员有五六十人，每篇初稿完成都要送到万斯同那里进行审查。万斯同每看完一篇稿子之后都会告诉编纂者：翻开哪一本书中的哪一卷哪一页，哪件事情需要进行补充说明。结果人们找到书中的位置后，发现竟然完全正确。对史书掌握到如此烂熟于心的地步，让万斯同成为后代学者十分敬仰的人物。

读书是一件很枯燥很乏味的事情，然而，万斯同却能深入地钻研进去，从一本书到十本书，从十本书到一屋子书，直至将书中的内容深深地印刻在心中。漫长而辛苦的积累，终于让他收获了丰富的知识，成为一个史学家。试想一下，如果万斯同只看了几本书就觉得自己有了可以炫耀的资本，或者是读了不少书却仅仅是走马观花的话，那么他写出来的东西必然一钱不值，更何谈指挥和批阅别的编纂者整理的资料呢？

成事之道

当今社会，人心浮躁，很多人都想在最短的时间内得到自己想要的东西，甚至想在最短的时间内证明自己的价值。于是，就有了恋爱速成、学业速成、事业速成等急功近利的成功学,导致人们对很多事情都是浅尝辄止,尝到一点甜头或者得到一点好处就半途而废。事实上,这种看似高明地做事和处世法则,让很多自以为是的人失去了与成功"亲密接触"的机会,最终一无所获。

知耻而后勇，也能成大事

原文

何以下达？唯有饰非；何以上达？无如改过。

——《小窗幽记》

译文

小人是如何向下通达的呢？他们只会一味掩饰自己的过错罢了；君子是如何向上通达的呢？他们宁愿改正过失，也不愿矫饰。

典故趣读

周处是三国时期吴国吴郡阳羡人，由于他的父亲很早就去世了，他从小就养成了不修小节、肆意妄为的脾性。他不到二十岁的时候就表现出异于常人的臂力，凭借这个本事在乡里为非作歹、无恶不作。

当时乡里的百姓把他和南山的猛虎、长桥下的蛟龙并称为三大祸害。周处得知乡里人的看法后内心非常难过，有了改过自新的想法。于是，他决定为乡亲们做点好事，把其他两害除去。

一天，他独自一人进山去杀死了猛虎，之后又与蛟龙搏斗了三天三夜，最终将其除去。乡里人看着周处去了几天都没有回来，以为他和蛟龙同归于尽了，非常高兴，见了面都互相庆祝这件事。

这时，周处杀死了蛟龙回来了，他听说了乡里人以为他死了而额手称庆的事，这才知道自己原来已经让人厌恶到了这种地步，这件事更加坚定了他改过自新的决心。

为此，他去拜访当时著名的文学家陆机、陆云两兄弟。当时陆机不在，周处就把自己所有的想法告诉了陆云。陆云告诫他说："古人认为'哪怕是早晨明白了道理，即使晚上死去也甘心'，由此可见弥足珍贵的是改过之心。况且你前途还是有希望的。人就害怕立不下志向，只要立下了志，还担忧美好的名声不显露？"

周处听后心中大感宽慰，于是改过自新、磨砺心志、发愤图强学，并要求自己说话做事必定忠诚守信，学会自我约束。过了一年后，州府力邀他前去做官，他便在吴国担任了东观左丞一职。

吴国被灭，周处到了洛阳，担任了新平太守，带领大军消灭了在周边作乱的羌人，当地的百姓都拍手称赞。后来，周处又担任广汉的太守，在为官期间，他品行端正、公正廉明，把以前郡内很多没有判决的案件都详细地查明了经过，进行了公正的判决。

接着他又担任散骑常侍，为官期间深得百姓爱戴。就这样，他一路升官，当上了御史中丞。周处非常敢于直言进谏，但由于太过刚直，使得当时的朝廷大臣们都非常讨厌他，就联合起来就将他赶出了朝堂，让他跟随着夏侯骏去打仗。

在梁山的贼兵有7万多人，夏侯骏命令周处带着五千兵马进攻。周处回答："我军没有任何援军，一定会失败的，这样不仅会让将士们白白牺牲性命，也会让国家蒙上战败的耻辱。"

之后，司马肜又命令周处出兵去讨伐叛贼，周处只好和振武将军卢播、雍州刺史解系在六陌进攻齐万年。马上就要开战了，周处手下的士兵们却还没有吃饭，司马肜不顾这种情况，仍然督促他赶快出战，并断绝了他的后援。周处知道这一战一定会失败，就写了一首诗说："去去世事已，策马观西戎。藜藿甘粱黍，期之克令终。"说完后就去作战了。

这一战打得异常惨烈，将士们从早晨杀到晚上，杀死了几万敌人，连弓箭都用尽了，但是卢播、解系却仍然不来救援他。周处手下都劝他撤退，他拔出剑说道："这是到了我报效国家、献出生命的时候了，我为什么要撤退呢？以身殉国，不也是可以的吗？"

最终，周处全力作战而死。当时晋国的朝廷追赠他为平西将军，赏赐给他百万金钱，墓地方圆一顷，并赏赐了京城的五十亩地给他盖房子。诏书说："周处的母亲年纪大了，外加是来自远方，我想起来就觉得非常可怜，一定要供给她足够的医药酒米，赐她寿终。"

潘岳奉诏作了《关中诗》道："周处殉军令，滋润黄钺斧。其人吊已亡，贞节能称举。"同时，西戎校尉阎瓒也写了一首诗："周处全臣节，美名不能已。身虽遭覆没，载名为良史。"

到了后来，司马睿当上了晋王，他打算为周处加封谥号，官任太常的贺循建议说："周处德行清廉方正，才量高出，总共守护了四个郡，安定民心，建立美政；入朝当御史监察其他官员的时候，很有贞节，不屈不挠；最终带兵打仗，以身殉国，临危献出生命，这都是忠臣贤士盛美的德业，也是英烈勇士高远的节操。按照谥法固守仁德而不行邪僻叫作孝。"于是，晋王便赐封周处的谥号为孝。

周处也有著作流传下来，有《默语》三十篇及《风土记》，他也曾编撰过吴国的历史。他写的《风土记》主要记述了各个地方的风俗，是现在我们的端午、七夕、重阳等习俗的重要依据。在后世，周处忠贞果敢、知错能改的事迹一直被人们津津乐道。

成事之道

"知错能改，善莫大焉。"掩饰过错只会麻木自己，知耻后勇才是君子所为。人有改过之心，即便最终没有弥补掉自己犯下的错误，心中的愧疚也会因此散去。人如果没有改过之心，就等于把背上的包袱拿在了手中，到头来还是一般沉。过错犯下，内心只有愧疚而不知道悔改，这就像是发现了心里的问题所在却不去解决，那么当下次再有什么诱因出现时，人自然而然就会"因药发病"了。

万事面前，宠辱不惊

原文

大事难事，看担当，逆境顺境，看襟度，临喜临怒，看涵养，群行群止，看识见。

——《小窗幽记》

译文

遭遇大事难事之时，方可看出一个人的责任感；遭遇逆境、顺境时，方可体现出一个人的气度和胸襟。遇大喜大怒之事，则可看出一个人的涵养；与多人同行同止时，则可看出一个人的见地。

典故趣读

唐太宗执政期间，有个官员名叫卢承庆，雷厉风行且十分廉洁。他当时的官职是考功员外郎，隶属于吏部，职责是考察官员的政绩。当时考察官员的标准如下：先大概分为上中下三级，而后每一级再分上中下。最好的便是上上，其次是上中，依此类推。

一次，卢承庆考核一位督运粮食的官员。此人在运粮途中由于翻船使得不少粮食落入河中。卢承庆见他办事不力，便只评给他中下，说："没给你下下已经够宽容了，你让国家损失了粮食，我也只能给你这样一个评价了。"运粮官虽然只得到了中下的评点，却没有丝毫不忿，反而泰然自若谈笑风生。卢承庆想，我给他如此低的评价，他却并不生气，想来是已经认识到了自己的错误。他有认错表现，那便改成中中吧！

评价改为中中后，运粮官也未因此而雀跃。卢承庆想，这人倒真是一绝，居然能做到宠辱不惊，如此坦然面对得失。卢承庆又查到，那次翻船并非管理不力，而是途中忽遇大风吹翻了船。卢承庆想，这人这样坦然，倒不如给他个中上。运粮官还是没有表现出特别的欢喜。从此，卢承庆对他十分看好，在吏部考核的时候留意提拔了他。

成事之道

大事难事、逆境顺境、临喜临怒、群行群止，皆易使人暴露本性、失去判断力，若想看透一个人的本质，非遭遇这些情境不可，而只有真正的智者，才能做到万事面前宠辱不惊。

读书人以德为重，文章为末

原文

傲气既长，终不进功，所以潦倒一生而无寸进也。

——《曾国藩家书》

译文

傲气既已长成，当然不能进步，所以潦倒一生，没有一寸长进。

典故趣读

唐代著名诗人温庭筠，才思敏捷，年轻时便享誉文坛，名闻天下。据说每次科考时，温庭筠只需双手交叉八次的时间，便能完成八韵律赋，因此人称"温八叉"。但他自负才高，不懂得尊重他人，不遵守社会规范，常因行为不检而遭诟病。

温庭筠参加乡试时，客居于江淮，地方官姚勖欣赏他的才华，赠给他一大笔钱，作为助学之资。温庭筠得了钱，每天出没于花街柳巷，很快将钱花光了。姚勖听说后大怒，将他抓去，打了一顿，赶走了。但温庭筠没有吸取教训，经常跟一些贵戚子弟混在一起，出入各种娱乐场所，有一次，因违反宵禁，醉酒闹事，被执法者抓起来，打了一顿，牙齿都打脱了。但温庭筠的脾气仍没有丝毫改变。

有一次，唐宣宗微服出行，遇到了温庭筠。温庭筠不认识皇帝，很傲慢地问："你是长史、司马之流的大官吗？"

唐宣宗说："不是。"

温庭筠又问："那么，你是主簿、县尉之类的小官吧！"

唐宣宗说："不是。"

事后，温庭筠得知此人竟是皇帝，这才大吃一惊。唐宣宗对温庭筠甚为厌恶，下诏将他贬为坊城尉。诏书中说：读书人以德为重，文章为末，你这样的人，品德不可取，文章再好也弥补不了。

温庭筠身负不羁之才，但难获重用，最后流落街头而死。奇怪的是，他曾多次替人代考，不少人因此考中进士，他自己却一直没有考上，这也是他难获升迁的一大原因。他的姐姐是赵颛的妻子，认为弟弟屡试不第，全怪姚勖坏了他的运气。有一次，姚勖来赵家拜访，温庭筠的姐姐扯住他的袖子说："我弟弟喜欢宴游，本是人之常情，你为什么打他？他至今没有成就，难道不是你造成的吗？"有姐如此，或可想象温庭筠为何那样率性妄为。

成事之道

有的人确实有真才实学，还拿出了信得过的业绩，受到大家追捧，却因自我膨胀，反倒造成了自我贬低的结果，不仅败坏了名声，也影响了事业。为求好名声，一味地炫耀自己，效果往往适得其反。低调一点，言不过其实，更符合人们的喜好。

胸襟宽广，功业长久

原文

仁人心地宽舒，便福厚而庆长，事事成个宽舒气象；鄙夫念头迫促，便禄薄而泽短，事事成个迫促规模。

——《菜根谭》

译文

心地仁慈博爱的人，由于胸怀宽广舒坦，所以福禄殷实且长久，于是事事都有宽宏气度的样子；反之，心胸狭窄的人，由于目光短浅、浅薄无知，所以福禄微薄而短暂，于是事事落得一个紧张局促的局面。

典故趣读

孙膑和庞涓都是鬼谷子的弟子，在求学兵法之时，两人关系非常要好。后来，庞涓先是前去辅佐了魏王，不过只是让魏国强盛了一时。等孙膑应招跑到魏国的时候，魏王本想让孙膑当副军师。可庞涓却和魏王说："这个人是我的同窗好友，并且比我稍大一些，怎么能让他当副的呢？要不就让他先拜为客卿吧，等他为国立功之后，我就可以将位置让给他，并且甘愿在他之下了。"

实际上庞涓早就知道鬼谷子将看家的本事都教给了孙膑，也深知孙膑的才能要胜过他千百倍，怎奈他是个心胸狭窄之人，无法容忍别人比自己优秀。

没过几天，魏王就提出要让孙膑和庞涓各自演示自己的阵法，也想借此机会考察一下孙膑的能力。孙膑面对庞涓摆出的阵法，轻而易举就破解了；而面对孙膑摆的阵法，庞涓却不知所措，根本找不到破解的方法。庞涓为此很是不悦，心中产生了嫉妒，萌生了铲除孙膑的邪念，以防孙膑日后功劳盖过他，阻碍自己晋升的道路。

为了陷害孙膑，庞涓想出了一个计策。先是派人跑到孙膑的家乡打探孙膑家中的大体情况，又命人伪造了一封家书，骗取了孙膑的回信，得到孙膑的笔迹，模仿孙膑的笔迹，将孙膑的家书修改成了背魏投齐的信件，再将伪造的信交给了魏王。魏王开始的时候并没有完全相信。庞涓又怂恿孙膑去跟魏王请假回家探亲。孙膑没想到庞涓会使计陷害他，就写了一封请假的信件交给了魏王。魏王看到了孙膑告假的信件之后，勃然大怒，彻底相信了孙膑对自己不忠，便下旨免去了他的官职，还把他交给了军师府定罪。

庞涓见到孙膑还在装作一无所知的吃惊样子，当着孙膑的面还说要为孙膑求情。实际上庞涓到了魏王那里，根本就没有帮孙膑求情，而是告诉魏王，他认为孙膑虽然触犯了私通齐国的大罪，但是还不至于处死他，不如处以极刑，让其残废，一辈子都不能重归故土。这样一来将孙膑的性命保住了，又免除了后患，是两全其美的事情。魏王听了之后，采纳了庞涓的意见。庞涓回去后又告诉孙膑，魏王开始要处死你，我再三地劝说才勉强同意不处死你，不过要给你处以极刑，我已经尽力了，实在没办法了。

很快孙膑被处以了极刑，双膝盖骨都被剔掉了，孙膑因为难忍剧痛昏厥过去了。庞涓还在孙膑的脸上刺上了"私通外国"的大字。庞涓还假情假意地哭泣，用药敷在孙膑的伤口上面。

后来，孙膑脱离了险境，在马陵之战中，打败了庞涓使其兵败而亡。庞涓陷害孙膑，最终得到了应有的惩罚。足以证明了庞涓就是那个"量小福薄"之人。

成事之道

心胸不豁达，即使取得了一时的胜利，也不过是短暂的辉煌；心胸有多大，事业就有多大，成功就能长久维持。有些人聪明过了头，用尽心机，烦恼接踵。而那些污秽贪婪的小人，心地狡诈、行为奸伪，凡事只讲利害不顾道义，只图成功不思后果，这种人的行为更不足取。仁人待人之所以宽厚在于诚善，在于忘我，所以私欲少而烦恼少。我们生活中的待人之道确应有些肚量，少为私心杂念打主意，不强求硬取不属于自己的东西，烦恼何来？"牢骚太盛防肠断"，做人要充分修行自己才是。

读万卷书，更要行万里路

原文

近水知鱼性，近山识鸟音。易涨易退山溪水，易反易覆小人心。读书须用意，一字值千金。

——《增广贤文》

译文

居于水边的人才能清楚鱼的习性，常年在山边居住的人，才能分辨出各种鸟的声音。山溪里的水随着季节时涨时退，不明事理的小人反复无常、变化无定。读书一定要用心去体会，一个字就会价值千金。

典故趣读

李时珍，这位名垂青史的医药专家，被后世尊称为"药圣"，他的成就不仅源于深厚的学识，更在于对实践的坚持与探索。

年轻时，李时珍已博览群书，对古代医籍了如指掌。然而，他发现其中一些被奉为治病良药的草药实际上含有剧毒。这引发了他重新编写一部更准确、更实用的医药书籍的决心。这部伟大的著作，就是

《本草纲目》。以蕲蛇为例，李时珍早就知道蕲蛇具有医治风痹、惊厥等神奇功效，但同时它也是剧毒之物，因此极为少见。在编撰《本草纲目》时，尽管他已从书中获取了大量知识，但仍对蕲蛇的真实形态和生活习性知之甚少。

为了更深入地了解蕲蛇，李时珍决定亲自探寻其生长环境。他请教了一位捕蛇人，并跟随他进入深山老林。在那里，他仔细观察了蕲蛇的全貌，包括其独特的斑纹、牙齿和尾部的佛指甲。此外，他还观察到了捕蛇、制药的全过程。

回到书斋后，李时珍根据亲眼所见，详细描绘了蕲蛇的特征："龙头虎口，黑质白花、胁有二十四个方胜文，腹有念珠斑，口有四长牙，尾上有一佛指甲，长一二分，肠形如连珠。"并且为了区分蕲蛇与其他白花蛇的不同，他还特别指出："出蕲地者，虽干枯而眼光不陷，他处者则否矣。"这些详尽的描述让人们对蕲蛇有了更深入的了解。

通过实践，李时珍不仅掌握了蕲蛇的形态特征和制药技巧，更深刻地理解了其生长环境和习性。这也正是他"实践出真知"的智慧所在。

成事之道

李时珍的故事告诉我们，仅凭书本知识是远远不够的。只有将理论与实践相结合，才能真正把握事物的本质和发展规律。因此，我们不仅要读万卷书，更要行万里路，这样才能在生活的每一个领域中都游刃有余。

不拘小利，方可成就大业

原文

石火光中争长竞短，几何光阴？蜗牛角上较雌论雄，许大世界？

——《菜根谭》

译文

人生如同电光石火般一闪即逝，却还要花时间去争夺名利，即使争夺到手了，又有多少时间享受呢？人类在宇宙中所占据的空间如同蜗牛角那么小，又有多少空间容得下人们争强斗胜呢？

典故趣读

战国时期，苏秦和张仪都是鬼谷子的弟子，两个人情同手足。

苏秦学成出道比张仪早一些，事业成功得很迅速，发展得也很快，但是张仪出道后与苏秦相反，不仅事业没有那么尽如人意，还处处不得重用，前途未卜。无奈张仪只好找到此时早已成名的苏秦，想要投身在他的门下，这样不仅可以走一些捷径，还可以得到一些优待。可是，张仪到了苏秦那里，一连好几天过去了，苏秦没有接见他。不过就是让属下安排张仪住下了而已，后来好不容易在吃饭的时候看见了苏秦，可苏秦不仅没有用美酒佳肴款待他，反而安排他坐在了一个无人关注的角落中，还让他同那些仆人一起吃粗饭。这都不是最让张仪气愤的，最气愤的是用餐快要结束的时候，苏秦竟然和他说："就凭你这满腹经纶的才华，至于混到这种境地吗？我是帮不了你啊，你就凭自己的造化和运气吧。但愿你幸运啊！"苏秦彻底将张仪数落了一番。

张仪原本以为看在友情的分儿上，苏秦一定会在他危难之时帮助他，可是没想到苏秦不仅没帮他反而还要这样羞辱他，他决定离开苏秦这里，从此凭自己的本事闯天下，一定要比苏秦强。

奇怪的是张仪离开了苏秦家中后，苏秦并没有真的不理会他，反而派人跟着他，时不时地还用金钱救济他，鼓励他去秦国游学工作。苏秦的门人看到这一切很是不解，都来询问苏秦原因，苏秦却告诉他们，之所以这样对待张仪，是因为论才能，张仪是可以凭自己的努力而成功的，要是自己收留了张仪，张仪会因为眼前得到了一些利益就忘记了自己的理想，失去了奋斗精神，因此，只能是用这样的方式羞辱张仪一下，激励他前进了。

大家听了之后，都对苏秦更加赞赏了。

成事之道

成就大事，没有捷径可走。投奔他人，有贵人相助，只能得到一时的成功。只有一步一个脚印地走出属于自己的路，才算是走上通天大道。

建立功名,要脚踏实地

原文

立业建功,事事要从实地着脚;若少慕声闻,便成伪果。讲道修德,念念要从虚处立基;若稍计功效,便落尘情。

——《小窗幽记》

译文

创立事业、建立功勋,要脚踏实地从头做起,如果稍微有贪慕声名的念头,达成的成果很容易虚伪不实。讲习道法、修习德行,每个念头都要从虚处打下根基,如果稍微有计较实际功效的想法,便落入庸俗了。

典故趣读

西汉时期,匈奴十分猖獗,西汉王朝只有不断地和亲,才能换得一时安宁。汉武帝继位后,立志改变这种局面,在其中起到重大作用的,便是大将军卫青。

卫青极具传奇色彩,他幼时只是饱受欺凌和嫌弃的女仆的私生子,在生父家放羊为奴,后来又做了平阳公主的骑奴。然而正是这个放羊小奴，日后成了战功赫赫的大将军；甚至从公主的奴仆，变成了公主的丈夫。

卫青做骑奴时，姐姐卫子夫被汉武帝选入宫中，卫青也得以到建章宫当差，此后便凭借着谦虚和机智一帆风顺，在抗击匈奴的战争中七战七捷，为历代兵家所敬仰。

建元三年（前138年），卫青任侍中、建章监、太中大夫，此后在宫中经历了近十年的历练。元光六年（前129年），卫青被封为车骑将军，首次出征便奇袭龙城，从此开始了十年的戎马生涯。元朔二年（前127年），卫青收复河朔，获封长平侯；元朔五年（前124年），奇袭高阙，拜大将军，连尚在襁褓中的儿子都封了侯；元朔六年（前123年），二出定襄，漠南的匈奴势力基本被清扫殆尽；元狩四年（前119年），漠北大战合围单于，匈奴被迫向西北迁徙，"漠南无王庭"，匈奴对汉朝的军事威胁基本上解除了。此役后，卫青被加封为大司马。

卫青是中国历史上出身较低、功劳较大、官位较高的人物之一，他能做到居功不傲，脚踏实地地建功立业，不贪恋虚名浮利，位高权重而得以善终。

成事之道

醉心声名的人，建功立业仅仅是为了自己的虚名，而难以流芳千古。讲道修德，为的是自身修养的提高，而非他人的眼光和评判。一旦被太多俗世之物左右，不论是事业还是修养，都将遭遇瓶颈而难以更上一层楼。

最差的结局也不过是大器晚成

原文

但行好事,莫问前程。

——《增广贤文》

译文

只是一心一意去做好事,不必考虑自己的前途如何。

典故趣读

苏洵,与其子苏轼和苏辙并列为"唐宋八大家"之一,在文学史上留下了浓墨重彩的一笔。然而,这位杰出的文学家并非年少时就崭露锋芒,而是经历了一段曲折的成长历程。

年少时的苏洵,与许多热血青年一样,喜欢四处游荡、任侠江湖,对书本和学问并不太感兴趣。他的生活自由散漫,常常与朋友们游山玩水,享受青春的快乐。而这种生活状态,导致他直到18岁还不会断句,更别说创作诗文。

25岁时,苏洵终于意识到读书的重要性,他开始潜心研究文学经典,不断丰富自己的学识。苦读一年多后,他去参加科举考试,结果落榜了。受此打击，他谢绝了一切宾客，夜以继日地勤奋攻读。此后，他又参加了几次科举考试，成绩都不理想，无奈之下，他就在家悉心教授两个儿子苏轼和苏辙读书。

仁宗嘉祐元年（1056年），苏洵已经47岁了。这个年纪在当时已经算是相当大了，但他仍然想一展才华。他带着儿子苏轼和苏辙来到京城应试。在京城，他遇到了翰林学士欧阳修。欧阳修很赞赏他的《权书》《衡论》《几策》等文章，认为可与贾谊、刘向相媲美，于是向朝廷推荐苏洵。

苏洵的文章在公卿士大夫中广泛传阅，人们开始关注这位大器晚成的文学家的才华和成就。

嘉祐五年（1060年），苏洵51岁时，经韩琦推荐，被任命为秘书省校书郎，后升任霸州文安县主簿。这个职位虽然不算高，但对于苏洵来说却意义重大。他的才华终于获得了认可和肯定。

成事之道

无论何时开始努力，都不算晚；只要心怀梦想并付诸行动，就有机会实现自己的价值。无论遭遇多少挫折和困难，只要坚持不懈地追求自己的目标，终有一天会迎来成功和辉煌。

成名每在穷苦日,败事多因得志时

原文

成名每在穷苦日,败事多因得志时。

——《小窗幽记》

译文

穷苦的逆境往往能催人奋发,有所建树;得意忘形往往会使人迷失方向,导致失败。

典故趣读

苏秦是战国时期的纵横家,他能取得这般成就,与他勤奋好学的品质不无关系。

苏秦小时候家境贫寒,他白天帮家里干农活,晚上才有时间读书。为了买到一本书,他甚至不惜卖掉自己的头发。在艰苦的环境中,他始终坚持着自己的理想和追求。

然而,生活的困境并没有给苏秦多少机会。学成后,他一心想出去闯荡,期待能有所作为。但现实却给了他沉重的打击,在外一年的时间，他不仅没有实现自己的理想，反而连生活都变得困难。身无分文，他只能穿着破烂的衣服，满身尘土地回到了家乡。

家人的冷漠和嘲笑让苏秦备感心痛，他开始深刻地反思自己。他明白，这一切都是因为自己的学识不够，没有真正掌握人生的智慧。于是，他下定决心要重新振作，发奋读书。

为了防止自己打瞌睡，他想出了一个办法：锥刺股。每当困意袭来，他就用锥子扎自己的大腿一下，痛醒后继续读书。这个过程极其痛苦和艰难，但苏秦坚持了下来。他的大腿经常是鲜血淋淋，惨不忍睹。

家人们看到他的努力和坚持，都为之动容。他们开始理解并支持苏秦的决定。经过一年的苦读，苏秦联系当时七国的利害关系，反复学习钻研书中的谋略，终于学有所成，再次踏上了闯荡天下的旅程。这一次，他终于事业有成，开创了自己辉煌的游说生涯。

成才之道

苏秦的故事告诉我们，只有通过不断的努力和坚持，才能实现自己的理想和追求。在人生的道路上，我们应该向苏秦学习坚忍不拔、不屈不挠的精神品质，勇敢地追求自己的梦想和目标。